宗教と実践

ダルマとヨーガによる解脱への道

西尾秀生・龍口明生 編

Nishio Hidenari, Tatsuguchi Myosei

ナカニシヤ出版

はしがき

以前に『宗教と救済』（ナカニシヤ出版、一九九七年）を出した。この本はインドを中心とした諸宗教が理想とする救済を明らかにしたものであったが、専門書なので大学以外ではあまり売れないだろうと考えていた。けれども、出版してみると、いろいろな方々が読んで下さり、読後の感想を編者にお伝え下さった。「定年後の人生を考える上で参考になった。」とか「インドの宗教の有意義なことがよく分かった。」という有難いお言葉を頂いたが、その折に「救済に至るための手段をもっと詳しく知りたい。」というご意見を何名かの読者から頂いた。

そのような訳で、数年前から、インドの宗教を中心に倫理の実践から宗教的理想に至る手段を説明した本の出版を考えるようになった。ちょうど、二〇〇五年三月に第十九国際宗教学宗教史学会議世界大会が日本学術会議と日本宗教学会の主催で東京の高輪プリンスホテルで開催されることになり、パネル（ミニ・シンポジューム）を開催しないかというお誘いを頂いた。よい機会だと思い、この本の執筆者を誘って、「宗教と実践」というパネルを立ち上げることにした。多くの国から参加者のあったこの国際会議のパネルで、インド仏教、上座仏教、ジャイナ教、ヒンドゥー教の実践について発表した後、討論して内容を纏めたが、パネルを聞いて下さった日本仏教の著名な先生から「インドの宗教の実践を真剣に取り組んでくれて嬉しい」

というお褒めのお言葉を頂いた。

国際会議の後、パネルで発表した内容を易しく書き直して『宗教と実践』をすぐに出版する予定であったが、参加者から「せっかく国際会議で面白いパネルができたので、今度は同じメンバーでもう少し発展させて、修行者の生活についてのパネルをやりたい」という要望があった。確かに同じメンバーでパネルをすれば、国際会議では充分に解明できなかった、インド仏教、上座仏教、ジャイナ教、ヒンドゥー教の修行者の生活に関して、共通点や相違点を明らかにする絶好の機会だと考えて、二〇〇六年九月の東北大学での日本宗教学会の第六十五回学術大会でパネルを開催することにした。このパネルでは、各宗教の修行者の生活を中心に発表と討論をしたが、会場の参加者から多くの質問を頂き、大変活発なパネルとなった。

本書は国際宗教学宗教史学会議の世界大会と日本宗教学会の学術大会でのパネルで討論して纏めた内容を易しく書き直したものに、山口惠照先生のヨーガの原稿を加えたものである。仏教、ジャイナ教、ヒンドゥー教の修行を倫理的な内容から瞑想の実践まで説明しているので、もし読者の方々が望まれるなら、各宗教の瞑想実践を実生活に生かすことも可能であると考えている。また副題の中の「ダルマ」という語は、「法」と訳され、ゴータマ・ブッダの説いた真理などを意味するが、インドでは広い意味で使われ、倫理も含んでいる。私たちの宗教の研究が読者の方々の人生を少しでも有意義なものにできれば、幸いである。

二〇〇八年一月

西尾秀生

宗教と実践

——ダルマとヨーガによる解脱への道——

＊

目次

第5章 『バガヴァッド・ギーター』の実践……………西尾秀生…133

宗教と実践

——ダルマとヨーガによる解脱への道——

第1章　『ヨーガ経』の実践
——修行と生活——

山口惠照

1　ヨーガの本質（三昧）と方法（行事）
——『ヨーガ経』を繙く——

はしがき

ここに『ヨーガ経』の実践とは、ヨーガの教えそのものをいう。ヨーガの宗教といっても妥当であるが、広義においては、ヨーガの体操を含むヨーガの教えというのが適当だと思う。

ヨーガの教えは、日常、日ごろのヨーガとして心がけて怠ることなく、身につくようにして行けば、それはその人（ヨーガ者、ヨーガ行者）のためになるばかりでなく、すべての人のためになる、ということが分かって喜びが増し、縁《えん》ある人びとに分かち合いたいと願う(1)。

ヨーガは総じて主体的に個々人に属するが、同時に、すべての人々のためにある。すべての人々のために本当に役立つ教えである。このことに関して、まず『ヨーガ経』（『ヨーガ・スートラ』）[2]の最初に注目したいと思う。

ヨーガ経の真髄

これよりヨーガの教えが〔はじまる〕。ヨーガとは、心の動きを静めることである。〔心の動きを静めた〕そのとき、人は見る者として自立する。そうでないと〔自立しないとき〕、人は心の動きそのまま〔にとどまる〕。

『ヨーガ経』一・一〜四、の和訳である。サンスクリットの原文は、音訳すると次の通り。

アタ　ヨーガ・アヌシャーサナム。ヨーガㇱ　チッタ・ヴリッティ・ニローダㇵ。タダー　ドラシトゥ
スヴァルーペー・ヴァスターナム。ヴリッティ・サーループヤム　イタラタラ。

（補） サンスクリットの原文は、これまでは、ローマ字で音訳されるのが普通であったが、インド（印度）では、他国語の音訳（ローマ字訳など）の有無にかかわりなく、世代から世代へ「口伝《くでん》」によって幾十百世代（数千年）にわたって伝えられてきたのみならず、インドにおけるもろもろの現代国語（ヒンディー

語等）をもって伝えられている、という事実を考慮して「カタ仮名」をもって音訳を試みた。なお、サンスクリットの音韻は全体として日本語の音韻に対応することが知られている[3]。

■静めること（ニローダ）

「心の動きを静めること」（チッタ・ヴリッティ・ニローダハ）は、ヨーガの教えの独創ではない。印度においては夙《つと》にウパニシャッドの中に現われ、それ以後、仏教やサーンキヤ（数論《すろん》）等、伝統ある多くの教えが等しく課題として取り組み、解決しようと企て、それぞれ固有の教えの中に説いている。

このことは確かな事実である。それはこのことがまさに人類普遍の課題であるからである。人種や民族や国籍を超えて、人はすべてこの課題に直面し、この課題を解かなければならない。けれども、人はその生まれかた、育ちかたを異にし、その生涯において、概《おおむ》ね、人種・民族・国籍を超えんとする意識すら深まることがない。

これはなぜかといえば、人はすべてこの課題以前、愛情（カーマ）、財産（アルタ）、倫理（ダルマ）という、家庭人・社会人として学び、身につけるべき課題に直面し、この課題に終始しがちであるからである。

（補） 日本の今日の「学校教育」も、グローバルな大勢の影響を受けて、立身出世、栄達本位の旗印のもと、上述の人類普遍の課題を目指していないわけではない。けれども「課題」は、上述の旗印に加えて、特定の集団の「旗印」のもとにあり、実情は概ね後者になびきがちである。

■釈尊の教化

仏教の開祖・釈尊《しゃくそん》（釈迦牟尼世尊《しゃかむにせそん》）の生涯は、家庭人・社会人として終始する人びとの鑑《かがみ》である。家庭人・社会人に甘んずることなく、これより出立し、総じて人はいかに生きるべきかの課題に直面して、出家《しゅっけ》・求道《ぐどう》を果たし、成道《じょうどう》において前記の課題を解くに至った。

（補）釈尊は仏伝によれば、「皇太子」の身分を辞退して迦毘羅《カピラ》城より出立（出家）、数年にわたる求道の後、迦耶《ガヤー》の郊外の菩提樹《ぼだいじゅ》下において成道（成仏《じょうぶつ》）、成道の後、遊行《ゆぎょう》・転法輪《てんぽうりん》（縁ある人びとを教化する伝道の旅）を開始し、ベナーレスの郊外（鹿野苑《サールナート》）において五人の修行者（五比丘）を教化し、不死の扉を開く転法輪に終始し、八十歳をもって命終した。

■ウパニシャッド世尊の教化

人はいかに生きるべきかという課題には、釈尊より以前、ウパニシャッドにおいて、釈尊の先達ともいうべき世尊（バガヴァット、尊師）(4)が現われていた点、注目に値しよう。ヴァージャサネーイ・ヤージニャヴァルキヤ(5)はその一人である。

ヤージニャヴァルキヤはヴィデーハ国・ジャナカ王の宮廷において、学徳兼備の尊師（世尊）として王を帰依させたのみならず、人はいかに生きるべきか、という人間全体の問題を、心の動きを静める究極の境地――三昧《さんまい》ともいうべき――において解くべきであると示し、次のように王に付託した。

■三昧に入って

かくのごとく知って、心を鎮〔静〕め、感官を制し、世情を捨て、苦練に堪え、三昧に入って、アートマン（自己）の中にアートマンを見、万物の本体であるアートマンを見る。そのとき、かれは罪苦を離れ、楽欲・疑惑を離れた真の智者となる。[6]

（補）「かくのごとく知って」とは、不生不滅のアートマン（自己）を、これでもなく、あれでもない、と示したヤージニャヴァルキヤ独自の主張を前提とする。[7]

■『ヨーガ経』との関連

上記の引用において「三昧に入って」（サマーヒタハ）とは、心の動きを静めた不動の境地をあらわす。不動の境地において人は本来の自己にめざめ、見る者として「罪苦・疑惑を離れた真の智者となる」と説く。これは、冒頭に引用した『ヨーガ経』における「ヨーガの定義」の先駆というべきである。また、「心を静め、感官を制し」云々と説く点は、『経』に示す「八支〔分〕（アシタ・アンガーニ）」を想起させる。

■八支分とは

禁戒（ヤマ）、勧戒（ニヤマ）、坐法（アーサナ、体位）、調息（プラーナーヤーマ、調気）、制官（プラティヤーハーラ、制感)、凝念《ぎょうねん》(ダーラナー、執持《しゅうじ》)、静慮(ディヤーナ、禅)、三昧(サマーディ、等持《とうじ》)が〔ヨーガ〕八支分である。(『経』二・二九)

と経文に掲げるものである。

「心を静め、五官を制し、三昧に入って」と説くヤージニャヴァルキヤの主張は、八支分そのものではないが、『ヨーガ経』は八支分を掲げるに先立って、八支分を総説し、次のように示している点から、さらなる留意を必要とする。

■八支分総説

ヨーガの諸支分の実修(学習して身につけること)によって、〔煩悩の〕不浄が消えて、智恵の灯が〔輝き〕、〔人は見る者と見られるものとを区別する〕識別智にいたる(自立し自由となる)。(『経』二・二八)

■「総説」の意義

「煩悩の不浄が消えて」云々とは、八支分の実修を因とする結果(三昧・不動心)に他ならない。それゆえ、行者(ヨーガ者)は八支分の実修をやり遂げねばならない。これは「心を静め感官を制し」と説くヤージニャヴァルキヤの意図と合致する。

『ヨーガ経』はこれまで、八支分を主とし、他の個所は仏教に縁じて附加され、原形を確立するに至った、雑纂《ざっさん》的で独創的とは評価し難いともみなされてきた。けれども、『経』の註釈（とくにヴィヤーサ註釈）と一体的に確定・伝承されるに至った点から見ると、各章別のテーマ（「サマーディ」等）とともに、全体として独創的な体系をもって成立した点は、評価に値する。この見地から筆者は、ヨーガを定義してその本質を「心の動きの静止」と示した経文が「八支分」を掲げ、ヨーガを志向する行者（ヨーギン、ヨーガ者）のすべてに対して、ヨーガを平等に開放することに貢献した、ということを指摘した次第である。

ウパニシャッド語り部の教え

「三昧」の発想が釈尊以前にさかのぼりウパニシャッドに起因するということは、これまで一般に認められていなかった。けれども、ウパニシャッド語り部・ヤージニャヴァルキヤは前述のように、三昧に入りアートマンに目ざめる智恵――「ヴェーダ（知・識）」・「ヴィディヤー（智）」――を説いた。この点に留意し、ヨーガを智恵の教えと指摘した、新たなウパニシャッド語り部に注目したいと思う。

ここに「新たな」とは、求道者・ナチケータス青年に付託された新たなウパニシャッドの語り部を意味する。この新たな語り部はヤージニャヴァルキヤの場合とは異なり、夜摩《やま》（死神）を登場させ、夜摩を介しつつ、ヨーガの教えを次のように説く。

（A）アートマンを車主と知れ。されば肉体は車輪、判断は御者、意《い》は手綱なりと知れ。（一・三・三）

賢者は感官を馬、対境を馬にとっての道路、身体・諸感官・意を具したるものを享受者と呼ぶ。(一・三・四)

常に意を練り、心清浄にして、明識あるものとなりたるものは、かの至上の境(8)に達し、再び生まれ来ることなし。(一・三・八)

明識を御者とし、意を手綱に把るものは、輪廻の道の彼岸なるヴィシュヌ神の至高境地に達す。(一・三・九)

(B)諸感官よりも対境は上にあり。対境よりも意は上にあり。意よりも判断は上にあり。判断よりも大自我は上にあり。(一・三・一〇)

大自我よりも非変異は上にあり。非変異よりも真我は上にあり。真我よりも上には何もなし。かれは極限、至上の帰趣なり。〔真我を観んと勉めよ〕(一・三・一一―一二)

智者はまず語を意の中に拘束すべし。次にこの意を判断の中に拘束すべし。次に判断を大自我の中に拘束すべし。次に大自我を寂静《じゃくじょう》なる自我(非変異)の中に拘束すべし。〔目醒めて進み、怠ること勿れ。怠らざれば、至上の境、真我を観るべし。〕(一・三・一三)

(補)（A）（B）は、いずれも『カタ・ウパニシャッド』からの引用であるが、抜粋のための都合上の区分。引用した詩句の中、〔　〕の中の文句は引用者の加筆。

■人生はマイ・カーのドライブ

いかなる家庭人・社会人にも通ずる「馬車」の喩えをもって人生の旅路をあらわす最初の詩には、人間存在を要約するキーワードが、車主、車輪、御者、手綱をもって示されている。キーワードは自己（アートマン）、肉体（シャリーラ）、判断（ブッディ、知性）、意（マナス）で、これは次の詩には、賢者の説として、馬と馬の路と享受者（ボークトリ、経験者）とがあらわす感官（インドリヤ）、対境（ヴィシャヤ）、身・感官・意を具えたもの（アートマ・インドリヤ・マナス・ユクタム）として登場する。人生の旅路において、いかなる人も、御者、車主であり得るのみならず、車輛、手綱にかかわり、享受者（経験者）を離れてはあり得ない。

このようにして人は人生の旅路を、平凡に無意識の中に経過するのではなくて、旅路の意義にめざめ、真意義を発揮すべきである。では、何を学び何を為すべきか。ここに馬車を調御する御者の喩えが有意義となる。あたかも御者が明るい見通しのもとに手綱を引き締め、馬車を前進させるように、人はいかなる人生の旅路においても、常に絶えざる注意と確かな判断と心清浄とを果たして行かなければならない。

このように説いて詩人の語り部は、明るい判断を御者とし、意を手綱に把るものは人生の旅路が苦悩の輪廻に終わるのでなく、安楽・無上の境地に達するものである、と諭しつつ更に、無上の境地に達する方法

（手だて）を示し、「感官よりも対境は上にあり」云々と説く。

この詩は、心を静め感官を制しつつ、三昧に入るための瞑想（禅）の方法を明かしている。この場合、キーワードは感官、対境、意、判断、大自我（アートマ・マハーン）、非変異（アヴィヤクタ）、真我（プルシャ）に共通する「より上（パラ）」である。この語は、感官ないし真我にかかわる共通項であるが、単にかかわるのではなく、課題は無上・究極の真我にあり、瞑想・三昧において、感官ないし非変異と真我とを識別させるヨーガの明智（智光）を行者（ヨーギン）に示唆している。この点、不動心のヨーガを掲げる『ヨーガ経』において万人に等しく開放された観がある。

2　行事の要点と目的
――修習と離欲、煩悩の退治――

「三昧」から「方法」へ

『ヨーガ経』はさきに示したように、「これよりヨーガの教えをはじめる」といって、開口一番、ヨーガ行者の「ヨーガ」を掲げ、行者をして見る者（見者）として自立させる三昧を明かし、心の動きの静止こそ肝要である。さもなければ、心の動きのままに流転する他はない、と戒める。

第二章は、第一章に掲げた「三昧《さんまい》（サマーディ）」の方法を課題として「方法(9)（サーダナ、手だて）」を掲げ、ヨーガ行者が日常、日ごろのヨーガとして習得しうるように、まず「行事ヨーガ（クリヤー・ヨーガ）」を説く。

行事ヨーガとは、苦行、読誦、念神である（タパㇵ・スヴァーディヤーヤ・イーシヴァラ・プラニダーナーニ　クリヤー・ヨーガㇵ）。（『経』二・一）

三昧の修習と煩悩を微弱ならしめるためにある（サマーディ・バーヴァナ・アルタㇵ　クレシャ・タヌーカラナ・アルタㇱ　チァ）。（『経』二・二）

■行事ヨーガの意義

すなわち、三昧を修習し煩悩を微弱にするため、苦行（タパス）、読誦《どくじゅ》（スヴァーディヤーヤ）、念神（イーシヴァラ・プラニダーナ）を勧めるものである。

ここに、ヨーガ行者が三昧を達成するための必須条件が行事ヨーガ三項[10]であることは明らかである。そして三昧を修習し煩悩を微弱にする目的が示されていることは、煩悩に関する次の経文に微して留意を必要とする。

五種の煩悩、（すなわち）無智（アヴィディヤー、無明）、我識（アスミター）、貪欲（ラーガ）、瞋憎《しんぞう》（ドヴェーシャ）、生命欲（アビニヴェーシャ、執着）がある。（『経』二・三）

■修習と離欲

煩悩（クレーシャ）は、先に「心の動きの静止」とヨーガを定義した第一章において、心の動きを煩悩（汚染されたもの）・非煩悩（汚染されていないもの）と区分し[11]、心の動きの静止のための方法を修習（アビヤーサ）と離欲（ヴァイラーギヤ）と掲げた点で、すでに示唆されている。

それ（心）の動きの静止は修習と離欲とによる（アビヤーサ・ヴァイラーギヤービャーン　タン・ニローダハ）。（『経』一・一二）

修習と離欲とによって、心の動きの静止が実現される。それゆえ、ヨーギン（行者）は修習と離欲とを会得し身につけなければならない。このようにして『経』は次に修習と離欲とを定義し、開示してアピールする。

修習とは、静止・不動〔心〕をめざす努力である。（『経』一・一三）

ヨーギンはこの修習に励まねばならない。が、不動心を目指して努力することは、必ずしも容易ではない。経文はこのことを戒める。

これ（修習）は、長い間、中断することなく、慎重に続けられて〔はじめて〕堅固な境地にいたる。

（『経』一・一四）

「継続は力なり」。ヨーギンは毎日、コツコツと修習に励んで怠ることなく、努めていけば、やがて不退転の境地に達するというのである。

『経』は次に離欲についていう。

経験もしくは伝承の対象に関して、執着を離れたものが有つ自制の思念を離欲という。（『経』一・一五）

人生の旅路において、いかなる人も家庭人・社会人である限り、経験もしくは霊験の事象に関して執着を離れることは一般に困難である。ヨーギンといっても、人間であり、名聞利養（名声利財）を絶ち執着を離れた自制心を保持することは、必ずしも容易ではない。経文はしかし、このような自制心の涵養《かんよう》に努め、修習に励むヨーギンに対して、最上の離欲をアピールする。

それの最上は、プルシャの智恵をもつものの、グナ（三徳性）に対する無執着である。（『経』一・一六）

「プルシャの智恵（プルシャ・キャーティ）」という、プルシャとは人であるが、これは、浄らかで、ただ見るもの（見者）をいう。すでに述べた通り、心の動きを静めた不動心のヨーギンは、見るものとして自立し、見られるべきものを唯見るのであるが、見られるべきもの（グナ・三徳性）と見るものとを識別する智

（キャーティ）において、見られるべきものが見られ、浄らかとなり、最上（パラム）の離欲が現われる。
このようにして経文は、三昧をめざすヨーギンが修習と離欲に努めるように指示しているのである。

■「無《む》種《しゅう》子《じ》三昧《ざんまい》」のため

ところで『経』は次に三昧《さんまい》を区分して、有想（サンプラジニャータ）と無想（アサンプラジニャータ）とを掲げ、有想三昧を、尋《じん》（ヴィタルカ）、伺《し》（ヴィチャーラ）、歓喜（アーナンダ）、我識（アスミター）と細分し、無想三昧を有種子《うしゅうじ》（サヴィージャ）と無種子（ニルヴィージャ）とに区分し、有種子三昧を有尋等《うじんとう》至《じ》（サヴィタルカ・サマーパッティヒ）、無尋等至（ニルヴィタルカ・サマーパッティヒ）、有伺等至（サヴィチャーラ・サマーパッティヒ）、無伺等至（ニルヴィチャーラ・サマーパッティヒ）と細分し、無種子三昧（ニルヴィージャ・サマーディヒ）を説いて第一章を結んでいる。

三昧をこのように区分するのは何故か。ヨーガ行者が、ヨーガ（心の動きの静止、不動心）を目指すとき、上述の有想・無想の過程を、個別にどのように確認しつつ辿るかどうかは兎に角、有想三昧から無想三昧へ、さらに無想三昧が有種子から無種子に至ってきわまり、不動心の境地を示すものと見られる。

煩悩の実相と退治

さて、行事ヨーガを掲げた『経』は、既述の五種の煩悩を次の通り定義し開示する。

無智は、眠ったり、弱まったり、中断したり、活動したりする他の煩悩の田地（基盤）である。（『経』

二・四）

無智とは、無常、不浄、苦、非我であるものに対して、常、浄、楽、我であるとの智をもつこと。（『経』二・五）

我識とは、〔プルシャ（真我）の〕見る能力と〔ブッディ（判断）の〕示す能力とを一体であるかのごとく看なすこと。（『経』二・六）

貪欲は楽にとらわれたもの。（『経』二・七）

瞋憎は苦にとらわれたもの。（『経』二・八）

生命欲（執着）は固有の性質に駆られ、賢者にもある。（『経』二・九）

以上、開示された五煩悩は、仏教の伝統の中にも比定される余地を残している。無智（無明《むみょう》）を根本煩悩とし、生命欲に至る経意は、五煩悩をもって、輪廻転生する人間存在の深底を明かし、ヨーギンの自覚を促している。次の経文に留意。

■微細と活動と

これら（諸煩悩）は、微細（スークシュマ、潜在・未発）である場合は、逆転変（プラティプラサヴァ、還滅）によって断たれる。（『経』二・一〇）

これらの中の活動（ヴリッティ、作用）中のものは、静慮《じょうりょ》（ディヤーナ、禅）によって断たれる。（『経』二・一一）

以上の二経文は、総じて煩悩を潜在・未発(12)と顕在・活動の場合に区分し、これらを解消する方法を指示して、前者は不動心を目指す修習により、後者は第七支・静慮により解消する、と意趣するもので、いずれもヨーギンの課題に属する。

■業の宿習と享受

業《ごう》（カルマ、行動）の宿習《しゅくじゅう》（アーシャヤ）は、煩悩を根因とし、現在および未来の生涯において享受されるべきものである。（『経』二・一二）

〔煩悩という〕根因があるかぎり、その〔業の宿習の〕果報として、生まれ方（境涯）と寿命と経験

〔幸・不幸〕とが〔現われる〕。（『経』二・一三）

これら〔の業報〕は、善行と悪行とに基づいて、喜びと苦しみとの結果を〔もたらす〕。（『経』二・一四）

■自業自得の道理

以上の三経は、過去・現在・未来の三世にわたって転生する人間存在が全体として明かされるゆえんの根拠を示している。人間は自業、すなわち自己自身の行動の結果、善か悪それぞれによる喜びと苦しみを享けるのであるが、これは、煩悩に基づく業の宿習の結果として現われる生まれ方（境涯）・寿命・経験に由来するものに他ならない。業の宿習とは、煩悩に基づく既往の業に胚胎し、現在および未来に享けられるべきものであるという。これは、総じて三世に輪廻する人間存在の実相を評価しようとするものに他ならない。

次の経文はこの点を示唆する。

識別者の教示

識別者には、すべてが苦（ドゥカ）である。というのは、〔絶えざる〕転変《てんぺん》（パリナーマ）と、〔現実の〕苦悩（ターパ）と、〔潜在の〕行《ぎょう》（サンスカーラ、印象）が苦であり、また、グナ（三徳性・三要素）の活動が互いに相反するから。（『経』二・一五）

■苦の克服へ

「識別者には人間存在のすべてが苦である」という、この経意は、「一切皆苦」と説く仏教の伝統にも通ずるが、すべてが苦であると告示する識別者（ヴィヴェーキン）には、苦の理由を掲げる経文とともに、サーンキヤ[13]に同調している点、留意すべきものがある。経文の「転変」は、サーンキヤと同様、三グナ――サットヴァ（喜楽）・ラジャス（憂苦）・タマス（闇痴）[14]、の絶えざる対立・抗争・変化であり、無智の煩悩にもとづく宿習によって、苦なる心の動きそのものである。というのは、見るものが、見られるもの「心身」と識別されることがないからである。見るものと見られるものとが識別されないと、人間界は無智の煩悩性・我識による対立・抗争の絶えざる、果てしない苦を現出する。

しかしこの経文は、次の経文とともに、識別者の識別智（ヴィヴェーカ・キャーティ）によって、人間存在を苦と観ずるのみならず、苦の完全な打開策を用意している。

断捨されるべきは、未来の苦である（ヘーヤン　ドゥカム　アナーガタム）。（『経』二・一六）

■苦を克服する要因

未来の苦（ドゥカム　アナーガタム）とは、いまだ来らざる苦である。すでに活動中のものは静慮《じょうりょ》（禅）によって断たれるが、静慮には制約がある。静慮から三昧へ、ヨーギンは三昧を目指さなければならない。潜在未発の苦は三昧においてはじめて断捨することができる。では、苦を断捨する因は何か。

■「結合」の問題

見るものと見られるものとの結合が断捨されるべき〔苦〕の因である（ドラシュトリ・ドリシャヨーホ サンヨーゴー　ヘーヤ・ヘートゥ）。（『経』二・一七）

この経文は、苦を断捨する因を説いている。ヨーギンは、見るものと見られるものとの結合（サンヨーガ）を打破しなければならない、という。

3　見られるもの、見るもの
――転迷開悟の最要所――

結合を無くするため

楽あれば苦あり、苦あれば楽あり、人生はあざなえる縄のごとし、ともいわれるが、しかし人間存在というものは、過去・現在・未来の三世にわたって輪廻《りんね》（生死輪転《しょうじ》）する限り、総じて苦であることは免れない。苦を断つには、苦をもたらす因である、見るもの・見られるものの結合を無くさなければならない。というのが既述の経意であった。

ここに「見るもの」とは、「見られるもの」とは何か、が問われねばならない。次の経文はこれに答える。

「見られるもの」（その1）
照明・活動・静止の性向をもち、元素と器官とから成立し、経験と解脱とを目的とするのが、見られるものである。（『経』二・一八）

「見られるもの」（その2）
差別あるものと、差別なきものと、没入するだけのものと、没入しないものとが、グナ（性・質）の〔転変の〕区分である。（『経』二・一九）

■三質所成《しょじょう》ということ

以上の二経において、見られるもの（ドリシャム）が説かれている。見られるものはサーンキヤ(15)に同調して、総じて三種のグナ、「三グナ」で成立している。「三質所成（トリ・グナム）」である。三質とは、先に述べたように、純質（サットヴァ）・激質（ラジャス）・暗質（タマス）であり、それぞれ照明（プラカーシャ）、活動（クリヤー）、静止（スティティ）の性向を持ち、不相離で、混同されることなく、交互に影響し合い、人間存在と環境（バウティカ）を形成している。

■元素と器官

このことは、五種の元素（マハー・ブータ）——五元素と、十三種の器官（インドリヤ、根《こん》）——十三器官とをもって示唆される。五元素とは、地、水、火、風、空。十三器官とは、五知覚器官（眼・耳・鼻・

舌・皮膚、五知根）と、五運動器官（舌・手・足・生殖器・排泄器、五作根）と、第十一器官・意《い》（マナス）と、第十二器官・我識（アスミター、我慢）と、第十三器官・判断（ブッディ、知性）とである。これら五元素と十三器官とはいずれも三質所成であり、人間存在と環境はこれによって成立している。

■転変を区分する

ただし、この場合、三質の転変《てんぺん》の区分がある。すなわち、差別あるもの、差別なきもの、没入するだけのもの、没入しないもの、というこれらの区分は、順次、

一、五元素と十一器官とを差別あるもの（有差別、ヴィシェーシャーニ）
二、五微細元素と第十二器官・我識とを差別なきもの（無差別、アヴィシェーシャーニ）
三、第十三器官・判断を没入するだけのもの（唯没、リンガム）
四、原質（グナ、非変異「アヴィヤクタ」）を没入しないもの（無没、アリンガム）

という、サーンキヤ説[16]を背景として説かれているので、この点、留意を必要とする。

■二十四原理

右のサーンキヤ説の中、(二)の「五微細元素」と、(四)の「原質」は、上記の経文の中に説かれていない。が、しかし三グナの四種区分は、これによって存在・現象の全体を摂《おさ》め尽くし、人間存在と環境――人間界・衆生界――の成立を明かすサーンキヤ二十五原理の体系を形成している。サーンキヤ説はそれゆえ、二十五原理をあらわす二十五のキーワードをもってまとめられているということができる。

ここに注意すべきは、四種区分の全体が二十四のキーワードをもって、サーンキヤ二十五原理の中の二十四原理をまとめ、これによって「見られるもの」をあらわし、転変（生死輪転）を明かそうとしていることである。転変は見られるものをあらわす二十四原理のほかにない、といってもよい。が、後述するように、転変は見るものが無くては成立しない。

「見るもの」（その1）

「見るものはただ見るのみで、浄らかであるが、判断の想念によって見る。（『経』二・二〇）

「見るもの」（その2）

見られるものは、ただそれのためにある。（『経』二・二一）

■「想念によって」

見るもの（ドラシュター）は、ただ見るのみで、浄らかであるが、判断の想念[17]によって見る。というのは、人間であるわれわれ自身は本来それぞれ人（プルシャ、真我）として清らかな智者（ジニャ）であるが、現実のわれわれは判断（知性）の想念によって見ている、見ているのは想念（プラティャヤ）のほかにはない、という経意である。

（補） われわれ自身は本来、プルシャ（真我）として浄らかな見るものであり、智者であるということは、サーンキヤ説[18]に同調している。

■「それのため」

「見られるものはただ、それのためにある」というのは、見られるものがただ見るもののためにあるということ。ただ見るもののためにあるとは、見るものの経験と解脱とを目的とするということ。

これは、輪廻の境涯にある現実のわれわれに対して、次のような自覚を促している。現実のわれわれは見るものとして、見られるもの（三質所成）がただ見るもののために、ただ見るものの経験と解脱とのためにあり、したがって、ただ経験《ボーガ》にとどまるのでなくて、経験の完了――解脱《アパヴァルガ》を目指すべきであり、『ヨーガ経』――行事ヨーガを含む八支分はこのために開示されている、ということを確認すべきであると。

■「為他」

くり返しになるが、『経』二・二一に示す通り、見られるものは見るもののためにのみあるということは、見られるものが「為他《いた》（パラ・アルタム）」(19)、すなわち、「他者（パラ）」である見るものの「為に（アルタム）」、見るものの経験の完了――解脱のためにある。このことはしかし、総じて経験が判断の想念（グナ所成）によって見る結果、無智にとどまり、見るものの智見とはならない。それゆえ、見るものの智見を目指して三昧を説くヨーガこそ、ヨーギンの課題でなければならない。

「ヨーギンの解脱境」

目的を達したものに対しては、〔見られるものは〕滅するが、他のものに対しては共通であるから、滅

しない。（『経』二・二二）

目的を達したもの（クリタ・アルタハ）とは、不動の三昧において、見るもの・見られるものを識別する智見によって解脱の目的を達成したヨーギンを意味する。このヨーギンに対して、見られるものは滅し（非顕現）、再び顕現することはない。けれども、解脱に至らないヨーギンに対しては滅しない（顕現し続ける）。

「結　合」

所有物と所有者との力が本来の相を知得する因は、結合である。（『経』二・二三）

■ヨーギンへのいざない

所有物とは見られるもの、所有者とは見るもの。この両者の力がそれぞれ本来の相を知得する因は両者の結合（サンヨーガハ）である。という経意は、ヨーギンすべてが、この両者の結合のゆえに、両者それぞれの「見る」「見られる」という相を把握しうるのだ。と諭《さと》しつつ、ヨーギンに対して、見られるものがただ見るもののためにある（為他）、という自覚を促さんとしている。次の経文に注意。

「無　智」

その因は無智である。（『経』二・二四）

■無智を解く

その、両者の結合の因は、無智（アヴィディヤー、無明《むみょう》）である。無智は総じて煩悩の根基であり、我識等の煩悩はこれに胚胎し、これより増長する。「一切は苦である」と識別者を嘆ぜしめた人間界（衆生界）の人間（衆生）すべてをめざめさせるように、とヨーギンを励ましつつ経文は続く。

「独　存」

それがなくなれば結合はない。これが断捨であり、見るものの独存。（『経』二・二五）

「それ」とは無智のこと。無智の煩悩によって、見るもの・見られるものの結合がある。無智の煩悩がなくなれば、両者の結合はない。両者は分離する。これが見るものの独存《どくぞん》（カイヴァリヤ）である。――明快な趣旨であるが、両者の分離（ヴィヨーガハ）、見るものの独存において、見られるものは如何、の問題がある。

「識別智」

断捨のてだて（方法）は、ゆるがない識別智である。（『経』二・二六）

かれには最高の境地にある七種の智がある。（『経』二・二七）

七種の真智

二経の意趣は以下のごとくである。浄らかな見るもの（プルシャ、真我）と、見られるもの（ブッディ、判断）との、ゆるがない不動の識別智のみが、無智の結合――「プルシャ・ブッディ」ともいうべき――を無くし、苦を滅する。この場合、識別者には、最高の境地にある七種の真智がある。

七種の真智（サプタダー・プラジニャーハ）とは何か。経文には開示されていないが、ヴィヤーサ註には次のように説いている。

一、捨てられるべきもの（苦）は、すべて知られた。さらに知られるべきものはない。
二、捨てられるべきものの因（無智）は滅せられた。さらに滅せられるべきものはない。
三、断捨は止滅三昧（ニローダ）によって直観された。
四、識別智から成る断捨の手だては修習された。
五、判断は経験と解脱という二つの任務を果たした。
六、三質（トリグナ）は原質への還滅に向かい、判断とともに滅する。
七、このとき、見るものは三質との結合を脱し、それ自体で輝き、独存する。

4 ヨーガ道の展開と帰結
――ヨーガ八支分の総説・各説――

再説、八支分の意義

ヴィヤーサ註が七種の真智を表示する経意をどのようにあらわしているか、は兎に角、不動心を目指すヨーギンの道標《みちしるべ》を七種の真智として掲げた経意が、ヨーガの八支分を総説し各説する次の経文に直結していることは間違いない。

「次の経文」とは、いうまでもなく、『経』二・二八、二・二九を意味する。この二経文は先に引用し解説したので、今は、二経文がヨーガ八支分の総説・各説にかかわる点の要約にとどめたい。

留意したいのは、『ヨーガ経』第二「方法章」が第一「三昧章」を承《う》けて、三昧にきわまるヨーガの道を方法（サーダナ）として講ずる際、全経文（五十五経）の要所が「二経文」であるということ、さらに、この二経文は経意において第三「神力章」をカバーし、第四「独存章」に及んでいるということ。

第三「神力章（ヴィブーティ・パーダ）」と第四「独存章（カイヴァリヤ・パーダ）」とは、それぞれの全経文（五十五経、三十四経）の経意が「二経文」によってカバーされている。このことは、ヨーガ八支分を総説・各説する二経文の経意が「神力（ヴィブーティ、超自然力）」・「独存（カイヴァリヤ、自立）」を示唆している点から明らかである。

この場合、留意すべきは、「総説」における「智の光」・「識別智」は、それぞれ「神力」・「独存」にかかわり、「各説」における「八支分」は、「方法」を区分し統合する「総制《サンヤマ》」をもってヨーギンの「神力（自在力）」の過程と、識別智――独存を指示していることである。

心不動への道

心不動へのヨーガの道（方法、手だて）とは何か。道は区分されると、ヨーガの「諸支分（アンガーニ）」にほかならないが、諸支分はヨーギンによって実践されなければならない。実践された結果、心の汚れが消滅する。これは煩悩の消滅を意味する。煩悩が消滅すれば、智が光り輝いて、識別智に至る。

ヨーギンを励ます「総説」のこの経意は、ヨーガの諸支分の実践が、ヨーギンにおける自己実験であることを告示している。ヨーギンは自己自身を省みて、ヨーガの道を一歩一歩、確認していかなければならない。

■八支分

「各説」は諸支分を承けて、諸支分＝八支分がヨーガの道として必要かつ十分であることをアピールする。(20)

八支分とは、禁戒《ヤマ》、勧戒《ニヤマ》、体位《アーサナ》（坐法）、調　息《プラナーヤーマ》（調気）、制　官《プラティヤーハーラ》（制感）、凝念《ダーラナー》（執持）、静慮《ディヤーナ》（静思）、三昧《サマーディ》（等持）である。

ここには、しかし八支分が告示されただけであり、ヨーガの道として完璧であるかどうかは分からない。この点、以下の経文において開示される。

「禁　戒」

禁戒とは、不殺生（アヒンサー、非暴力）、正直（サティヤ、真実）、不盗（アステーヤ）、禁欲（ブラフマチャリヤ、不淫）、不貪（アパリグラハ、無所有）である。〔『経』二・三〇〕

これら〔の禁戒〕は、身分、地域、時期、習俗によって制限されず、どのような状況においても守られるべき大誓戒である。（『経』二・三一）

（補） 禁戒は一般社会において、条件付きで守られている。社会人として守るべき当然の習俗である。が、解脱を目指すヨーギンは不動の決意をもって守らねばならない。自戒の根本である。

「勧　戒」

勧戒とは、清浄（シャウチャ）、満足（サントーシャ）、苦行（タパス）、読誦（スヴァーディヤーヤ）、念神（イーシヴァラ・プラニダーナ）である。（『経』二・三二）

■特記、自在神

念神は自在神（イーシヴァラ）への祈念（プラニダーナ）である。この自在神祈念は、三昧を目指すヨーギンの必須条件を意味し、「これによって無想三昧は近い」という経文（『経』一・二三）をはじめ、自在神（イーシヴァラ）について、以下の経文をもって、ヨーギンの主体性を誘う。「自在神は煩悩・業・業報・宿習によって汚されない特殊の真我であり」、「ここには一切智の種子の最高のものが具わっている」。「これは太古の人々にとっても師匠である、時間によって制限されないから」。「かれをあらわす言葉は聖音・オームである」。「（ヨーギンは）オームを反復低唱し、かれを念想（修習）すべきであり」、「その結果、真我の内観があり、三昧の障害がなくなる」。（『経』一・二四〜二九）

「妄想撃退」
妄想が起こったときには、対抗する修習をなすべきである。(『経』二・三三)

殺生(暴力)等の妄想は、なされたもの、なさしめられたもの、なすべく認容されたもののいずれにしても、また、貪《とん》・瞋《しん》・痴《ち》のいずれかにもとづくにしても、さらに、温・中・激のいずれにしても、苦と無智との果てしない結果をもたらす、というのが対抗する修習(念想)である。(『経』二・三四)

■自戒の根本

ヨーギンにおいて禁戒・勧戒の実行を妨げる妄想が起こった場合、妄想を打破するため、妄想に対抗する修習を必要不可欠とする。といって、妄想に対抗する修習を指示しているのが以上の二経文である。八支分の中、最初の二支をいかに重視しているかを知るべきである。

また、「殺生等の妄想は苦と無智との果てしない結果をもたらす」というこの経文は、ヨーギンの自戒を勧めているが、行事ヨーガを説いて煩悩を開示し、煩悩の退治を課題として説く、ヨーガ八支分総説の前段階(全二十七経)を改めて重視すべきことをヨーギンに促している。

「妄想」とは、判断(ブッディ)に属する想念である。これはサーンキヤ(21)に同調して、サットヴァ性(喜楽)とタマス性(闇痴)とに概括される。サットヴァ性は法・智・離欲・自在、タマス性は非法・無智・非離欲・非自在。判断がタマス性に傾けば、タマス性を優勢ならしめて、非法・無智・非離欲・非自在に陥り易く、人生の旅路は無智の暗夜、憂苦に包まれる。殺生（殺人）等に至らなくても、傷害、暴行、窃盗、詐欺、横領、不倫、セクハラ等、にかかわる妄想を戒めて、八支分第一・禁戒が説かれていることは明らかである。

「禁戒の功徳」

不殺生（非暴力）が確立すれば、かれの面前では、すべてのものが敵意を捨てる。（『経』二・三五）

正直（真実）が確立すれば、かれは行為とその結果とのよりどころとなる。（『経』二・三六）

不盗が確立すれば、あらゆる方向から宝石がかれに近づいてくる。（『経』二・三七）

禁欲が確立すれば、かれは精力を得る。（『経』二・三八）

不貪が確立すれば、かれは生まれかたを正しく知る。（『経』二・三九）

■ 功徳の特質

以上、不殺生《ふせっしょう》をはじめとする禁戒五項目をマスターしたヨーギンの特質を経文によって一覧した。マスターとは禁戒を確立し堅固にしたヨーギンの明るい主体性を意趣する。不殺生等を確立したヨーギンにはいろいろな功徳が具わり、発揮される。このことを具体的に示して、かれの面前では、敵対者が敵意を放棄することなど、もろもろの功徳が発揮され、成立する、というこの点、全体として統一的に把握しがたいようであるが、不殺生等の禁戒五項目の体得である限り、総じてヨーギンにおける禁戒の功徳の発揮として意義づけられよう。

この場合、功徳は「見られるもの」として三グナ所成（三質所成《しょじょう》）の経験であり、経験以外にはあり得ない。が、ヨーギンにおける「経験」は三質の中、純質を主調とする喜楽をもって特色づけられ、このことが敵意を放棄すること等となった。

「勧　戒」

清浄（浄化）によって、自己の肢体への嫌悪を生じ、他人の肢体に触れなくなる。（『経』二・四〇）

また、純質の清浄、喜悦、専注、制官、および自己直観力が具わる。（『経』二・四一）

知足によって、無上の楽が得られる。（『経』二・四二）

苦行によって、汚れが消え去るから、身体と器官（感官）の超自然力が生ずる。（『経』二・四三）

読誦によって、希望する神との交わりが生ずる。（『経』二・四四）

自在神の祈念によって、三昧の成就がある。（『経』二・四五）

日頃のヨーガ

八支の中の第二支・勧戒は、以上の五種の区分によると、五種の中、最初の二種とこれに続く三種は、いずれもヨーギンの必須な課題に属するけれども、二種から三種、という課題の意義の進行を辿ることができる。見られるものとしての三質所成である肢体が、清浄の勧戒によって、不浄の煩悩を滅して浄化され、これにより、自他の肢体の平等清浄を期するであろう。「純質善性なるサットヴァの清浄から喜悦」云々の経文は、第五支・制官を含む、ヨーガ道の体得・確認を示唆している。

けれども、この道はけっして平坦ではない。先の経文において迷妄打破の修習が主張されたゆえんである。また、二種に続く三種が日常の行事ヨーガとして開示されるゆえんである。

苦行《タパス》・読誦《スヴァディヤーヤ》・自在神祈念《イーシヴァラ・プラニダーナ》という行事三項は、要約すれば、身《しん》（からだ）・口《く》（ことば）・意《い》（こころ）という三業《ごう》の煩悩を浄化する課題を意味する。日常の行事として継続・確認されてこそ、はじめて三昧の修習に契《かな》い、煩悩の浄化に資する。

この中、苦行は単に断食が象徴する荒行ではなくて、心身の不浄を解消する日常の「茶飯事《さはんじ》」、つまり飲食物の摂取を含む広義の健康法を目指す。身業清浄。読誦は聖経《スートラ》・真言《マントラ》を音読する、口業清浄。自在神祈念は自己自身の内なる人（プルシャ、真我）を思念する、意業清浄。以上、三項はそれぞれ個別の結果を生ずる、と同時に第三支以降の必須な前提となっている。

「坐　法」

坐法（坐りかた）は安定・快適〔をむねとする〕。（『経』二・四六）

■安定・快適

経意は、安定し快適なのが「行住坐臥《ぎょうじゅうざが》」の体位であるということ。坐法（坐りかた）は経文における「アーサナ」の訳語であるが、アーサナは日常の生活の有りさまを概括して「行住坐臥」をあらわすから、広義に解して「体位」とも訳される。したがってこの経文は、日常の生活の姿勢がヨーガの道に合うアーサナとして、安定・快適をむねとすることをあらわす。

本来、「アーサナ」は「サット（有・存在）」に由来し、不滅のサット、すなわち「ブラフマン（梵、一者）」と不二である人間（衆生）の姿勢が総じてアーサナ（行住坐臥）であり、この点に徴《ちょう》して、ヨーガの道に合う安定・快適なるアーサナが提示されたことは間違いない。

あえていうならば、安定・快適とは、常に決まっていて楽々と続くこと。

「努力・くつろぎ、無辺に同調」

努力・くつろぎと、無辺なものに同調することによって。（『経』二・四七）

■安定・快適のための条件

経意は、緊張（努力）と弛緩（くつろぎ）がバランスを保ち、無辺なもの（虚空など）に合致するようにしてということ。これは、ヨーギンのアーサナが安定・快適をむねとし、不放逸（不怠）の中道において、どこまでも続き、中止されないことを意味する。この条件に合うヨーギンは、安定・快適のアーサナをもって、すばらしい功徳を確認する。

「「アーサナ」の結果」

これによって、二つずつということに束縛されない。（『経』二・四八）

■不二の徳

「二つずつ」とは相対を意味する。右の経意は、ヨーギンが家庭人・社会人という通常の人々の人間関係や物々関係によって束縛されることなく、已《すで》に煩悩を乗り越えている、ということをヨーギンに確認させることにある。

このアーサナはまた、八支の中の第四支の前提である。

「調　息」

これにおいて、吐息と吸息との流れを区切る調息が成立する。（『経』二・四九）

■休息（クンバカ）

調息を定義するこの『経』は、いかなる人にも可能なヨーガ行として調息をアピールしているが、要点は、アーサナを前提として吐息・吸息の流れを区切る結果、何が確認されるか、ということ。この点は、ハタ・ヨーガの伝統にあらわれた休息（クンバカ）をとり上げると、吐息・吸息を区別する止息と吸息・吐息を区別する保息とにかかわる、「・」が問題とされよう。次の経文に注意。

「長く微細な作用」
〔調息は〕外的内的止的の〔三〕作用で、空間と時間と数とによって測定され、長く微細である。（『経』二・五〇）

■長く測られ難い

調息を確認する要所は、吐息と吸息とを区切る点（「・」）において、吸息と吐息とを区切る点（「・」）において、つまり、両息の間《ま》（・）をもって「三作用」と区分される。この調息三種は、それぞれ、ハタ・ヨーガの経文が伝えるように、時間と空間と数とによって、さらに細分される。けれども要点は、長く微細であることを特徴とするのが調息である、ということ。

ところで、長く微細である（ディールガ・スークシュマハ）とは何か。経意は、心の動きを静めるため、調息が安定し楽々と続くということが、時間・空間・数によって測られても、長く続いて測られ難い、と、行者（ヨーギン）において確認されねばならないこと、にある。この点は次の経文が示唆する。

「第四の調息」

第四〔の調息〕は、外的・内的の〔両〕対象を排除する。（『経』二・五一）

■調息のきわまり

外的・内的・止的と区分された調息の中、外的・内的の二調息がかかわる対象は排除される、けれども、止的調息がかかわる対象は排除されるとは説かれていない。これは、第四の調息が調息のきわまりであることを確認しなければならない、と行者に示唆している。次の経文に注意。

「調息の結果」

その結果、〔第四の調息により〕光を蔽っていたものが消滅する。（『経』二・五二）

■智光に接する

光は智の相。智の光を蔽い隔てていた無智の煩悩が消え去れば、智はおのずから現われて光り輝く。行者におけるこのような確認は、純質《サットヴァ》・善性の智光に接する行者自身の体験であり、安定し楽々と、長く微細に続く調息のきわまりの結果として、意義が深い。なお、次の経文に留意。

「凝念に適する」

〔その結果〕また、意《い》が凝念《ぎょうねん》（執持《しゅうじ》）に適するようになる。（『経』二・五三）

■一点集中

凝念とは、心を一点（一所）に集中すること。これは行者が確認すべき内的ヨーガ道である。

『経』における以上の四支は、第五支・制官とともに、八支の中の外的ヨーガ支に属する。外的ヨーガ支から内的ヨーガ支へ、ヨーガ道は総じてこのように概括される。

「制官（制感）」

諸器官（十官）がそれぞれの対象と結びつかないために、心そのもののようになった状態が制官（制感）である。（『経』二・五四）

■外的ヨーガから内的ヨーガへ

諸器官は普通、それぞれの対象と結びついて活動する。が、「対象と結びつかない」云々という経意は、禁戒をはじめとする外的ヨーガ道の総括にある。

先の二経文において、第四の調息の結果、煩悩の障碍《しょうげ》が除かれて内的ヨーガが可能となる、と、行者に示唆された。ここに、器官と元素とをもって成立する人間存在――三質所成の見られるもの――に即して、外的ヨーガ道を総括する制官の説かれるゆえんがある。

外向きの諸器官（五智覚・五運動）がすべて各対象と結びつかないで心に摂《おさ》まるということは、行者自身の確認を俟《ま》つほかにはあり得ない、上述の調息のきわまりは、内外の対象を排除し、行者をして、十官から一官への集束を確認させる。一官とは第十一官「心《マナス》」である。

「最高の従順さ」

その結果、諸器官に最高の従順さが成立する。（『経』二・五五）

■**前五支分の収束**

諸器官が第十一官・心に収まり従順・不動となったヨーギンの功徳が、このように最高の「従順さ（被支配性）」をもって示されたということは、第五支・制官が外的内的両ヨーガの分岐と一致とを示唆し、意義深いものがある。

「凝　念」

凝念（執持）とは、心をある場所に結びつけること。（『経』三・一）

■**一所に固定**

内的ヨーガ道の第一として、八支の中の第六支・凝念を定義する。凝念の本質は、心の動きを散乱・散動の状態から集中へ向わせるため、心を一所に固定することである。

「静　慮」

静慮とは、そこにおいて想念がひと筋に伸びていくこと。（『経』三・二）

■想念の伸展

ある場所に結びつけられた想念が不変に伸展していくのが静慮（禅）である。凝念を「点」にたとえると、静慮は「線」ともいえよう。

「三　昧」

その同じものにおいて、対象のみが輝いて、それ自体は無くなってしまったようなとき、三昧が成立する。（『経』三・三）

■輝く無想・無我

静慮がきわまると、行者には静慮自体が輝いて、行者自体は無いかのごとき状況が生ずる。これが三昧である。三昧は無想・無我の境地である。

「総　制」

三者を総括して総制。（『経』三・四）

それの克服によって、真智が輝く。（『経』三・五）

それは諸段階に適用される。（『経』三・六）

■三支の統合・克服

凝念・静慮・三昧の三者は、八支の中の内的三支ともいわれるように、総制、つまり統合されてこそ意義がある。三支の統合からその克服へ、これは智の光を俟《ま》って確認される。智の光はしかし、総制の諸段階を追って次第に拡大し、識別智に至ってきわまる。次経がある。

「内的・無種子」

三者は、先行のものに比べると、内的支分である。（『経』三・七）

それも、無種子に対しては外的支分である。（『経』三・八）

先行の五支に比べると、三者（凝念・静慮・三昧の三支）は内的である。八支の中の五支（「不殺生・禁戒」等）は三支の前段階であり、これを前提として三支が成立する。三支の総制のきわまりから、前五支が改めて意義づけられる。内的支分の更なる確認をヨーギンにアピールしているのである。というのは、内的三支も無種子の三昧に対しては、外的支分である。

三支の総制は有種子でなく、有種子から無種子三昧に至ってきわまり、完結する。これが経意である。

「止滅転変・三昧転変・集中転変」

活動の潜行力が抑止され、止滅の潜行力が現れて、止滅の刹那が心と結びつくことが、止滅転変である。（『経』三・九）

それは、潜行力によって静かに流れる。（『経』三・一〇）

あらゆる対象への散乱状態が滅し、心の集中状態の起こる（現れる）ことが、三昧転変である。（『経』三・一一）

それより、さらに静止した想念と現れた想念とが等しいのが、集中転変である。（『経』三・一二）

これによって、元素と器官とにおける法・相・位の転変が説かれた。（『経』三・一三）

■不滅の智光への契機

総制《サンヤマ》と総制の克服《ジャヤ》と、ヨーギン（行者）をして智光を発揮させるこの契機は、八支ヨーガ道の頂点を意味する。ヨーガ道をきわめるヨーギンはしかし、この頂点が、頂点に至るまでに辿った道程と同じように、無種子三昧の転変として意義づけられることを修習しなければならない。

転変は、四経において、四分して説かれる。

一、心の動きの静止（止滅）、止滅転換。微細な潜行力のゆえに、静かに流れる。

二、総じて心の散乱・散動が滅し、まさしく集中転変が起こる。三昧転変。

三、それ（三昧転変）より、さらに静止した想念と現われた想念とが等しいこと、三昧転変・想念の過去位＝現在位が、集中転変。

四、以上、止滅転変をはじめとする心の三転変によって、元素と器官との法・相・位の転変が説かれたということとは、サーンキヤ説に同調して、人間存在が総じて見られるものである三質所成のゆえに、心の三転変と同様、諸元素（五微細・五粗大）と諸器官（十粗大・三微細）との転変も説かれ、理解される。ただし、法と相と位との点で検討すべきことがある、という意趣である。

このことは、以下の経文が、ヨーギン（三昧位到達者）の神力（ヴィブーティ、超自然力）を主題として展開され、神力（超自然力）は行者の修行の、悪しき副産物《ウパサルガ》に過ぎず、識別智に直接かかわるものではない。識別智はいわば未来位にある。行者の修行は、識別智に至り、独存位をもって果されるという点から留意すべきである。（『経』三・一四～三・五五参照）

「自身のための総制とその結果」

決して混同されない純質と真我とを区別しない想念、すなわち経験は、他のためであるから、自身のための総制によって、真我の智が生ずる。（『経』三・三五）

それによって、特殊な明智、聴覚、触覚、視覚、味覚、嗅覚が生ずる。（『経』三・三六）

これらは、三昧には障害、活動には成就である。（『経』三・三七）

■**成功に迷わず障害を乗り越え**

種々なる総制による多様な神力（超自然力）が、先述の「三種の転変」に対する総制の結果として生ずる、過去・未来の智（『経』三・一六）をはじめ、直前引用の経文にいたるまで、具体的に紹介されている。これを省略したのは、神力は総じて心の活動（転変）には成功であっても、心の三昧（転変）には障害である（『経』三・三七）、と行者をして自戒・自省させ、見るもの・見られるものの識別――独存に向わしめようとする経意に基づく。

見られるものである純質（サットヴァ、喜楽）と見るものである真我（プルシャ、純浄）とは、けっして混同されないのに、この両者を混同し、区別することができない想念は、総じて経験である。ところで、経験はもっぱら為他《いた》、他者のためにあり、経験自体のためにはない。それゆえ、経験が他者、すなわち、見者である真我のためにあることを総制すればこれによって真我の智を得る。

真我の智を得た行者には、この智によって、特殊な超能力、神的な明照、聴覚、触覚、視覚、味覚、嗅覚が生ずる。

これらは、通常の自然な能力に属せず、超自然力ともいう他にないであろう。この場合、行者は超能力者として霊能を発揮し、人々から注目されることもあろう。しかし、これは問題である、と、行者の三昧から異議をアピールしているのが、『経』三・三七の意趣である。

「識別智と離欲――独存《どくそん》」

純質と真我との区別を知るもののみが、すべての存在の支配者性と一切智者性をもつ。(『経』三・四九)

それに対する離欲によっても、邪悪の種子が滅して、独存がある。(『経』三・五〇)

「不一不二の清浄――独存」

純質と真我との清浄が等しくなって、独存がある。(『経』三・五五)

「独存――三質の還滅、真我の自住」

独存とは、真我のためという目的の無くなった三質の還滅、あるいは、見るもの(真我)が自相に安住すること。(『経』四・三四)

■不滅の存在の覚醒へ

総じてヨーギンも人間である。人間である限り、かれも生命体の特質、すなわち、元素と器官とが三質所《しょ》成《じょう》なる見られるもの《ドリシャム》として、他のため、見るもの《ドラシタ—》のためにある、ということを知らねばならない。すでにこのことを知り、八支ヨーガ道によって三昧到達者となったヨーギンとして、かれが自覚し、他のため、「覚他」のために確認すべきは、人間存在の有限・無限の理由である。

人間の生命は、他の生物と同様に有限である。古往今来、人間は死を怖れ、不老長生を希わざるを得ない。

ここに問題点は、総じて人間が、見るものである自己自身を、見られるものである生命体と区別しないで、あたかも一体であるかのごとくみなしていることにある。「決して混同されない純質と真我とを区別しない想念・経験」は、人間が、自己自身と心とを区別しないで、有限な生命体のほかに存在しない、とみなしている証拠である。

しかし、この想念・経験は、見られるものであり、経験自体のためにあるのではない。「他のために、みるもの自身のためにある」。これは、見るもの自身のための総制が真我の智をもたらす、というヨーギンへの勧奨と一致する。

■第三章・結経の意義

「純質と真我との区別を知るもの」という、純質とは、三質所成における喜楽・軽光なるサットヴァを意味する。八支ヨーガ道をきわめたヨーギンは、三昧到達者として、憂苦・持動なるラジャスの激質、ないし、愚痴・重覆なるタマスの闇質を制伏し、常に喜楽・軽光なる純質のゆえに、「純質と真我との区別を知るもののみが、すべての存在を支配し、一切を知るものとなる（『経』三・四九）」「なお、このことに対する離欲によっても、煩悩の種子が滅し、独存する（『経』三・五〇）」「純質と真我との清浄さが等しいとき、独存あり（『経』三・五五）」と、今日に伝えしめている。幾十百世代（幾千年）を経て現在に至ったのであろうか。

■第四章・結経の意義

留意すべきは、第三章と第四章とは、それぞれ主題を異にし、「神力」「独存」と掲げるが、いずれも独存を提示して結経している、ということである。「純質と真我との清浄が等しくなって」成立する独存とは、純質と真我との区別を知る三昧到達者の境地である。

これは、見られるもの（所見）が、見るものの（能見）のためにのみあることを、すなわち、経験と解脱とを果たし、三質所成（所見）の還滅、つまり、有没《リンガ》から無没《アリンガ》に至ったことであり、見るもの（能見）の自相安立（独立）を意味する。

ここに、『ヨーガ経』全章の首尾一貫した組織と体系とを確認しうるであろう。同時に、人間存在の無限（無量・無数・不可計）を示唆する独存こそ、『ヨーガ経』の中心であることを確証することができよう。

（1）本稿は『ヨーガ禅道友』六一号、六二号に掲載した「日ごろのヨーガ、みんなのヨーガ〈ヨーガ経の体系（要約）〉」に加筆したものである。

（2）『ヨーガ経』の和訳は、戦後、岸本英夫博士の訳註をはじめとして、佐保田鶴治、松尾義海、本多恵の諸博士により、相次いで刊行されている。岸本『宗教神秘主義』、佐保田『解説ヨーガ・スートラ』（『ヨーガ根本教典』所収）、松尾『ヨーガ根本聖典（ヨーガ・スートラ）』（『バラモン教典・原始仏典』所収）、本多『ヨーガ書註解』。

（3）山田孝雄『五十音図の歴史』宝文館出版、一九八〇年。

（4）『ブリハッド・アーラニャカ・ウパニシャッド』第三・第四の両篇参照。この問題については、『道友』誌において関説したことがある（拙稿「ヨーガの伝統をかえり見よう」（『道友』五六号）。

（5）かれは、ジャナカ王に心から帰依（南無、ナマス）せられ、尊師（バガヴァット、世尊）と呼ばれた。同『ウパニシャッド』四・二・一、四・四・二三。

（6）同『ウパニシャッド』四・四・二三。

（7）「これでもなく、あれでもない（ネーティ・ネーティ）」は、不生（アジャ）にして不滅（アムリタ、不死）なるアートマンが思慮・分別する判断・論理を超え、冥想・三昧において、観すべきことをあらわす。同『ウパニシャッド』三・九・二六、四・二・四、四・四・二二、四・五・一五。不生・不滅のアートマンはブラフマン（梵、宇宙の太元）と一如（不一不二）。

（8）『カタ・ウパニシャッド』一・三・三以下。佐保田鶴治『ウパニシャッド』平河出版社、一九七九年、二一五頁以下参照。

（9）「方法」と訳した「サーダナ」は、それによって必ず「三昧」が実現される、必要かつ十分な条件（てだて）を意味する。因果の道理では、サーダナが因、果（サーディヤ）はその必然的結果であるから、ヨーギン（ヨーガ者）は「こころの動きを静めたとき、〔三昧において〕見る者として自立する」、という『経』の言葉は、行事ヨーガをはじめとする第二章全体をヨーギンに指示し、これを課題とするようにアピールしていると見るべきである。

（10）総じていえば行事ヨーガは、行者が日常、からだ（身体）と、ことば（言葉、口）と、こころ（心、意）と、を浄らかに保つように勤めることである。

（11）『経』一・五。ここに、「心の動き（活動）は五種で、煩悩・非煩悩の二つがある」と説かれている。正知・倒錯・分別・睡眠・記憶の五種を大別すれば煩悩・非煩悩だとする。

（12）『経』一・一八参照。

（13）「サーンキヤ」（数論・僧法）は基本書『サーンキヤ・カーリカー（サーンキヤ頌《ジュ》）』を伝えている。『サーンキヤ頌』は約七十頌をもって、人はいかに生きるべきかの課題に応えて、業・輪廻・解脱の体系を説くが、この場合、変異・非変異（見られるもの）と智者（見るもの）との結合・分離をあらわす二十五原理の組織が学び（唄い）易い点から、他の学派、とくにヨーガや仏教（大乗）に影響を及ぼした。

（14）『サーンキヤ頌』一二、一三。

（15）前掲註（14）参照。なお、『サーンキヤ頌』一〇、一一参照。

（16）『頌』三参照。

（17）『頌』四五。

（18）『頌』二、三、一七－一九。

（19）『頌』五六以下参照。

（20）この点は、仏教の「八正道」に比べられよう。

（21）『頌』四四。

参考文献

岸本英夫『宗教神秘主義――ヨーガの思想と心理――』原書房、二〇〇四年

佐保田鶴治『ヨーガ根本教典』平河出版社、一九八三年

長尾雅人責任編集『バラモン教典・原始仏典』中央公論社、一九七九年

中村元『ヨーガとサーンキヤの思想』〈中村元選集（決定版）第二十四巻〉春秋社、一九九六年

本田恵『ヨーガ書注解――試訳と研究――』平楽寺書店、一九七八年

第2章　上座仏教の瞑想実践

平木光二

1　はじめに

テーラワーダ仏教は、スリランカをはじめ、ビルマ（ミャンマー）、タイ、ラオス、カンボジアなど東南アジア大陸部の国々で信奉されている仏教の一派である。その起源は、アソーカ王（紀元前三世紀）の時代に、アソーカ王の子（一説には弟）であるマヒンダ長老がスリランカに渡って伝えたのに始まるとされている。

テーラワーダ仏教は英語では Theravada Buddhism と呼び慣わしているが、日本語では上座仏教ないし上座部仏教といい、二種の表記が併存して行なわれている。しかし、上座部仏教という呼称は、仏滅後百年ほどして起こったヴィナヤ（律）の解釈をめぐる意見の対立を契機に分裂した、いわゆる根本二部の保守的な一派である上座部（もう一派は進歩的な大衆部）と混同を招くおそれがあり、この点で問題なしとしない。というのは、現在の研究では、テーラワーダ仏教が根本二部の上座部そのものであるという確かな証拠はまだ得られていないからである。

したがって、この章では、テーラワーダ仏教が根本二部の上座部であるという印象を与えることを避けるために、上座部仏教ではなくて、上座仏教と表記することにする。テーラ（Thera）とは「上座」「長老」の意で、上座仏教（テーラワーダ）とは、したがって、伝統を守る古参の長老からひきつがれてきた教説という意味である。

釈尊によって開かれた仏教は実践を前提として生まれた宗教であり、釈尊の教えを忠実に受け継ぐ上座仏教もきわめて実践的な宗教といえる。

この章では、上座仏教の宗教実践のうち、特に瞑想に焦点をあてて述べることにする。

2　ダルマ（法）

仏　法

仏教はゴータマ・シッダッタがブッダ（Buddha＝目覚めた人）になったことにはじまる宗教であるが、われわれが今日使う「仏教」ということばは、実はわが国に西洋思想が導入された明治以降に使われるようになった用語であって、それ以前はもっぱら仏法とか仏道と称していた。仏法とは、仏が明らかにする法という意味である。

仏法とか仏道ということばは現代人には古臭く感じられるが、しかしこの表現のほうが「仏教」という用語よりも「実践的な宗教である」仏教の本質を的確にあらわしているといえるのである。

「法」にあたる古代インドの原語はサンスクリット語ではダルマ（dharma）、パーリ語ではダンマ（dhamma）ということばである。このことばは、サンスクリットの語根ドゥフル（「保つ」）からつくられた名詞で、「保つもの」というのが本来の意味である。

ダルマの観念の起源は古く、遠くヴェーダ時代に遡るが、仏教はこのインドの普遍的観念をとりいれ、そこに仏教独自の解釈を加えたのである。たとえば原始仏典に、『マハーパリニッバーナスッタンタ』という、釈尊の最晩年の出来事を記した有名な経典がある。その中に次のような場面がある。

「死期の近いことを悟った」釈尊は自分の生まれ故郷のネパールに戻って最後を迎えたいと願い、やっとの思いで現在のネパール国境に近いクシナーラー（クシナガリー）までたどりつく。しかし、病気が重くなりついに病の床に臥してしまう。そこへスバッダという行者が訪ねてくるのだが、釈尊は病を押して面会し、四十五年に及ぶ出家者としての人生を回想してかれに次のように語られた。

スバッダよ。わたしは二十九歳で、何かしら善（kusala）を求めて出家した。
スバッダよ。わたしは出家してから五十年余となった。
正理（nyāya）と法（dhamma, dharma）の領域のみを歩んできた。
これ以外には〈道の人〉なるものは存在しない。（第五章二七）

第三偈にある「正理」とはものごとの筋道のことをいう。それに対して、個人が判断を下し、行動するときのよりどころとしての筋道ないし人間としてどう生きるべきかという規範が「法」である。

原始仏教（釈尊よりアソーカ王の時代までの初期の仏教をさす）では、ダルマとは、人を人をとして保つもの、つまり人間として守らなければならない道筋、理法のことであると解した。このように、仏教的に改変された法は「人間としてのあり方」「人間の道」ないし「生きる道」を意味している。ダルマ（ダンマ）という原語は漢訳ではもっぱら法と訳されるが、「道」と訳された例もないわけではない。すなわち漢訳者のなかにもダルマをこのようにとらえたものがいたわけで、道と解釈することはけっして根拠がない訳ではないのである。

道を求める人であった釈尊はさとりを開き、われわれに道を示した。そして釈尊が臨終の床で弟子のアーナンダに「自らを洲（燈明《とうみょう》）とし、ダルマを洲（燈明）としなさい」と最後のことばを残して逝去されたという逸話はよく知られている通りである。したがって仏教徒に課せられた使命は実際にその道を辿ることである。

仏教とは、要するにダルマを実践する宗教だということができる。

七仏通戒偈

仏教とはダルマを実践する宗教だとして、ではどのように実践すればよいのであろうか?

ここに、般若経と並んでアジアの仏教圏において時代を越えてもっとも多くの人々に読誦されてきた経典に『ダンマパダ』（法句経）がある。この経典の第一八三詩がひとつの示唆を与えてくれる。

すべての悪しきことをなさず、　sabbapāpassa akaraṇaṁ　諸悪莫作《しょあくまくさ》
よいことを行ない、　kusalassa upasampadā　衆善奉行《しゅぜんぶぎょう》
自分の心を清めること、　sacittapariyodapanaṁ　自浄其意《じじょうごい》
これが諸仏の教えである。　etaṁ buddhāna sāsanaṁ　是諸仏教《ぜしょぶっきょう》

この詩は七仏通戒偈《しちぶつつうかいげ》と通称され、このわずか四行の詩の中に仏教の精髄が凝縮されているとされる。すなわち、悪いことをしないことと正しいことを行なうこと、そして心を清めること、これが諸仏の教えだといっているのである。しかし、諸悪莫作・衆善奉行ということと自浄其意は並列の関係にあるのではなく、心が清らかになると、行ないもおのずから正されるという趣意であると解すべきである。

前出の『マハーパリニッバーナスッタンタ』には、釈尊は「善」を求めて出家したと記しているが、そこでは善（kusala）とは善心、善い心という意味を含意している。つまりこれら二経典の趣意を考えあわせると、心の浄化ということが仏教の実践の要諦であるということができるであろう。しかも、清らかな心はそのまま心のやすらぎであって、それはただちにニッバーナ（Nirvāṇa・Nibbāna 涅槃）のさとりに通じているのである。

仏教は、心（citta）がわれわれの行動や言語活動、思想を生み出す動因であり、その言動や思想によって自分の将来が決まるのだと考える。したがって、仏教がもっとも重視するのは心であり、仏教の実践とは心の実践をおいてほかにないのである。

心を耕す

原始仏典に次のような話が伝えられている。

あるとき田を耕すバーラドヴァージャというバラモンが食べ物を配っていた。釈尊はかれに近づき傍らに立った。するとバラモンは釈尊にこういった。「わたしは田を耕して暮らしています。だからあなたも耕しなさい」と。これに対する釈尊の応答は次のようなものであった。

「わたくしにとっては、信仰が種子である。苦行が雨である。智慧《ちえ》がわが軛《くびき》と鋤《すき》とである。慚（はじること）が鋤棒である。心が縛る縄である。気を落ちつけること（sati）がわが鋤先と突棒とである」

「身をつつしみ、ことばをつつしみ、食物を節して過食しない。わたくしは真実をまもることを草刈りとしている。柔和がわたくしにとって〔牛の〕軛を離すことである」

「努力がわが〈軛をかけた牛〉であり、安穏（yogakkhema）の境地に運んでくれる。退くことなく進み、そこに至ったならば、憂えることがない」

「この耕作はこのようになされ、甘露の果実をもたらす。この耕作を行なったならば、あらゆる苦悩から解き放たれる」（『スッタニパータ』七七－八〇）（中村元訳）

釈尊は「なるほどあなたの言うとおり、わたしは田は耕していないかもしれないが、そのかわり、〈心という田〉を耕しています」と反論したのである。この詩の中で、釈尊は「心を耕す」ということばは使っていないが、このように解釈することは許されるであろう。

「心を耕す」にあたる原語は citta-bhāvanā といい、仏教では「心の修習」といっている。つまり、心の訓練、鍛練という意味で、邪悪な考えを抱いたり、怠惰に流れやすい人間の心を鍛えなおすことをいう。

釈尊の説明に得心のいったこのバラモンは乳粥を釈尊に捧げ崇敬の念をあらわした。そして世尊のもとで出家し、のちに聖者の一人になったという。

3 瞑想

東西の瞑想技法

瞑想とは字義的には目を閉じて静かに深く思念することをいうであるが、宗教学の立場からいえば心の自己訓練ということになる。一方心理学の観点からいえばセルフ・コントロールの技法ということになる。

瞑想は「冥想」とも書き、深い精神集中の中で根源的な真理と一体化することを「冥」の字を用いてあらわし、『荘子』の思想を背景としてでてきたものと考えられている。しかし、伝統的な仏教ではこの語を用いることはほとんどなかった。仏教で瞑想という表現を使用するようになったのは、近代になってスイスの心理学者ユング（一八七五－一九六一）らによって仏教がキリスト教などヨーロッパの諸宗教と比較研究されるようになってからのことである。ヨーロッパに広まった禅やチベット仏教の実修が、ヨーガなどとともに meditation・contemplation として理解されるようになり、それが邦訳されて瞑想と呼ばれるようになったのである。

瞑想といえば、ヨーガを連想するためにインドの専売特許と考えがちであるが、西洋の宗教にも見られるのはいうまでもない。ただし、西洋ではメディテーションとコンテンプレーションは伝統的に厳格に区別して理解されている。まず、メディテーションはラテン語のmeditatioに由来し、黙想と訳される。黙想とは孤独と沈黙のなかで聖書のことばに心を向け、思い巡らしや想像により聖書の理解を深めることをさし、キリスト教学的には、信仰理解を深め純粋な祈りに入るための準備的な祈りとして位置づけられている。これに対して、観想と訳されるコンテンプレーションは魂の内奥において神との一致をとげる霊魂の高度の状態のことをいう。

ギリシャ正教には、心臓の鼓動にあわせて神の美を黙想する方法があり、キリスト教には、イエズス会の創立者、イグナティウス・デ・ロヨラ（一四九一頃－一五五六）の霊操《れいそう》が有名で後世に多大な影響を与えた。かれは洞窟での修行で体験した神秘体験をふまえて、祈りと内省を通して自己の霊的な生活を整える心の体操すなわち「霊操」を提唱した。霊操は約四週間行ない、「愛をうるための観想」で終わる。

キリスト教には、じつは霊操以前の古代教会の時代から瞑想によって祈りを深める習慣があり、中世の各修道会ではそれぞれ自由に多様な瞑想を実践していた。しかし、ドイツに端を発した十六世紀の宗教改革とそれに対抗するカトリック教会の復興運動である反宗教改革の抗争過程の中でその多様性は失われ、伝統が久しく途絶えていたのである。ところが、近年になって教会に瞑想を復活させようとの声がカトリック、プロテスタントの双方の側からあがり、復活にむけた気運が高まっている。

次に仏教について見ると、瞑想に直接対応することばはないが、それに相当する原語の一つにバーヴァナー（bhāvanā）（前出）がある。バーヴァナーとは「発達」「向上」といった原義で、そこから「心の発達」

「完成を目指す道」、「完成を目指す方法」といった意味で理解されている。日本語では「修行」「修習」と訳すが、まれに「観想」と訳されることもある。

また仏典に頻出する語にサマーディ（samādhi）、ディヤーナ（dhyāna）がある。サマーディは「三昧」「三摩地」と音写し、「定」と意訳される。またディヤーナも同様に「定」と訳され、それを説明的に訳して「静慮《じょうりょ》」ともいう。ディヤーナの俗語形 jhāna が西北インドで jhan と発音されていたのを漢字で音写して「禅那《ぜんな》」（略して「禅」）といい、両者を合して「禅定《ぜんじょう》」とも単に「定」ともいうが意味はまったく同じである。心を散乱せず、一つのものに集中し、智慧を得る修行のことをいう。

仏典にはこのほかにもサマーパッティ（samāpatti）［「三摩鉢底《さんまぱってい》」と音写し「等至《とうじ》」と意訳］など瞑想をあらわすことばが多数あることが示すように、仏教における宗教実践のもっとも基本的な形態は瞑想なのである。仏教を開いた釈尊は瞑想の修習を重んじたが、これは仏教に先行するインド古来から伝わる宗教の伝統に倣ったものにほかならない。そして仏教の瞑想はその起源がインダス文明にまで遡りうるともいわれているヨーガ（yoga）をとり入れていることは周知の通りである。

釈尊の瞑想体験

釈尊は物思いに耽る内省的性格であったらしく若いころから瞑想をしていたらしい。このことは釈尊の出生とも少なからず関係があると推測される。

釈尊は、スッドーダナ王（浄飯王《じょうぼんおう》）を父とし、その第一王妃マーヤー夫人を母として、シャーキャ（釈迦）族の王子として生まれた。高貴な家系に生を受け将来を約束されたはずであったが、かれにとって最大の不幸は母親のマーヤー夫人が釈尊を出産した七日後に亡くなってしまったことである。幼くして母を亡くしたことが釈尊の性格とその後の人生に少なからぬ影響を与えたことは想像に難くない。釈尊は七歳になると家庭教師から六十四の学芸を習いはじめるが、それとほぼ時を同じくして瞑想も始めたようである。仏典に「種蒔祭のとき、わたしは涼しいジャンブ樹の木陰にすわり、初禅を成就して住んだのをよく覚えています」(『マハーサッチャカ経』『マッジマ・ニカーヤ』第三六経)と回想するシーンがある。この釈尊の述懐は七歳ころのことを回想したものではないかと推定されている。

のちに出家すると、釈尊は当時禅定の第一人者といわれた二人のバラモンについて本格的に禅定(dhyāna・jhāna)を習っている。

釈尊が最初に師事したのはアーラーラ・カーラーマというバラモンで、かれは「無所有処定《むしょうしょじょう》」(心を静めて何らこだわるところがないという禅定)を説いていた。しかし釈尊はたちまち師匠と同じレベルにまで達してしまう。そこで、つぎに「非想非非想処定《ひそうひひそうしょじょう》」(何かを心の中に想っているのでもなく、また想っていないのでもないという禅定)を説くウッダカ・ラーマプッタというバラモンに師事するが、これもたちまち師匠と同じレベルにまで達してしまう。このとき釈尊が思ったのは、かれらの説く禅定方法では、安らぎの境地(涅槃)に達することはけっしてあるまいということであった。

そう判断した釈尊は、師のもとを離れ、苦行の道に入る。苦行(タパス)は禅定とならんで当時の実践修行論の両翼の一つであったので、苦行がどれほど有効であるのか自分の身体で実際に確かめたかったのであろう。六年ものあいだ呼吸の抑制法を組合せた断食などを試すが、苦行によっても自分が目指す安らぎの境地(涅槃)に達することはないと判断し、苦行を中止して体力の回復につとめる。

そして、ブッダガヤーのアシュヴァッタ樹（ピッパラ樹）の下で瞑想し、さとりを開かれた。釈尊三十五歳の時であった。

釈尊が何を悟ったのかについては複数の伝承がある。ある伝承では縁起を悟ったといい、ある伝承では自分の過去世だけでなく、生きとし生けるもの、あらゆるものの過去世の生涯の姿を見通したといい、またある伝承では瞑想によってさとりを得たとも伝えている。伝承の内容が一定していないが、要するに、智慧（三明）と慈悲心を獲得して解脱を成就したとされている。この故に、智慧（三明）と慈悲心が仏教の標幟とみなされている。

智慧についてみると、仏教では、三種の智慧（聞《もん》思《し》修《しゅ》）をたてる。これはさとりに導く智慧を修行の段階にしたがって三段階に分類したもので、教えを聞いて了解する智慧と、道理を考察して生ずる智慧と、瞑想の実践によって体得する正しい智慧（観想）の三である。

これら三種類の智慧のなかで仏教がもっとも重視するのが、瞑想の実践によって体得する正しい智慧（修所成慧）である。というのは、さとりというものは思考を積み重ねていけば到達できるというものではないからである。瞑想を実践することによって智慧が生じ、その智慧によってはじめてさとりに到達しうるのだとするのが仏教の立場なのである。だから、いくら知識を寄せ集めてみたところで、さとりに近づくことはできないのである。仏教で智慧（洞察）を磨くことを力説するのはこのためである。

では、菩提樹下の瞑想はどのようなものであったのだろうか。それは「四禅」と呼ばれる瞑想の一形態であると考えられている。仏典はそれを次のような定型表現で説明する。

友よ、正しい集中とは何か。
修行者は、もろもろの感覚的な欲望から離れ、不健全な状態から遠ざかって、初禅（瞑想状態）に入って過ごす。そこには、粗い思考（対象を志向する思考）と微細な思考（対象に定着して観察する思考）をまだ伴ってはいるが、遠離によって生じた喜楽がある。粗い思考と微細な思考が静まると、修行者は、第二禅に入って過ごす。そこには、内心が清浄となり、心が統一しており、心の安定によって生じた喜楽がある。喜楽が静まると、修行者は、平静であり、正しい気づき（sati 念）があり、正しい知（自覚）があり、身体で安楽を感受しつつ第三禅に入って過ごす。そのことを聖者たちは「平静さと気づきを備えた者は安楽に過ごす」といっている。安楽も苦しみも捨て去り、もうすでに喜びや悲しみは消え去っているので、修行者は、第四禅に入って過ごす。そこには、苦楽もなく、心の平静さによって気づきが純粋になっている。これが正しい集中と呼ばれる。

「四禅」は初禅から第四禅に至る四つの瞑想段階からなる精神統一であるが、この瞑想方法は釈尊自らが開発した仏教独自の方法であるとみなすのが仏教徒一般の見方である。しかし実際には、釈尊と同時代に宗教活動を行なっていたサマナ（沙門《しゃもん》）と呼ばれる修行者たちが実践していた禅定がその原型であろうと考えられている。とはいえ、四禅が仏教における瞑想の基本型であることは論を俟たない。

4　上座仏教の瞑想

止と観

瞑想を実践するのは究極的にはさとりを得るためであるが、そこに至るまでにはどの仏教宗派であれいくつかの階位を設定するのがふつうである。上座仏教の瞑想には、サマタ・バーヴァナー（Samatha-bhāvanā）とヴィパッサナー・バーヴァナー（Vipassanā-bhāvanā）という二種の瞑想がある。

サマタ・バーヴァナーは「止」と漢訳され、心を静め、心をある一つの対象に集中させること（定）を意味する。一方、ヴィパッサナー・バーヴァナーは「観」と漢訳され、ものごとをありのままに見ることをいう。頭で考えるのではなくて、精神を集中して、ものごとの本質を洞察し、ものごとをあるがままに自分自身の眼で見ることである。それによって、洞察つまり知慧が生じてくるのである。

サマタ「止」とヴィパッサナー「観」は車の両輪のごとく一体となってはたらくことではじめて瞑想修行が完結するという意味でこれを止観と呼び慣わす。止観は、三学の定と慧にそれぞれ相当する。

三学とは、仏教の修道論を戒・定・慧の三支で合理的に分類したもので、この観点から八万四千の法門と形容される膨大な仏教の教えを体系的にまとめた論書が五世紀にインド出身のブッダゴーサが著した『ヴィスッディマッガ』（『清浄道論』）である。この論書は、スリランカ大寺派の教義を確定し、今日の東南アジア仏教全体にとっての正統説の根拠を築いた古典とされており、上座仏教の教義を理解するための必須文献である。

瞑想の対象

ある仏典（サンユッタ・ニカーヤ）の中で、心は枝から枝へ飛び移る猿に譬えられている。この譬喩は心の無常性を述べたものであるが、それと同時に、われわれの心が猿のようにあちらこちらへとたえず動きまわってやまないのが心の本質であるということも含意した表現となっている。心とはまさにそういうものなのである。だから心を野放しにしておいたのでは瞑想に集中できないので、瞑想を実践する者は、まず心のうごきを封じ込めて、心を静める修行から始めるのが常道とされる。

原始仏教以来、数々の瞑想技法が説かれてきているが、サマタ・バーヴァナーの瞑想対象については、『ヴィスッディマッガ』に四十業処《ごっしょ》としてまとめられている。四十業処つまり四十種類の瞑想対象とは、

・十　遍　処《じっぺんじょ（じゅうへんじょ）》　遍とは、遍満させる観察の対象として用いる媒体のことで、地、水、火、風、青色、黄色、赤色、白色、光明、空間の十遍処がある。これらの対象のいずれかに心を集中し観想する修行方法で、これによって意識のはたらきが停止し、初禅に入るとされる。

・十不浄観想　不浄想とは、死体が腐敗していくさまを観察する修行法。死体の腐敗状況を十段階にわけて、皮膚が膨張し、身体にうじがわき、最後に白骨化する相を観察して諸欲をはたらかせなくする。

・十随念《じゅうずいねん》　随念とは、繰り返し想起することをいう。仏、法、僧、戒、捨（捨施）、天（天人）、死、身（身体の三十二か所の部位）、安般《あんぱん》（入出息）、寂止《じゃくし》（涅槃の徳）の十。

・四梵住《しぼんじゅう》　慈悲喜捨の四。

・四無色禅《しむしきぜん》　空無辺処《くうむへんじょ》、識無辺処《しきむへんじょ》、無所有処《むしょうしょ》、非想非非想処《ひそうひそうじょ》の四。
・食厭想《しょくえんそう》　糧食に対する嫌気の思いを修習する修行方法。
・界差別　自分の身体を地水火風に分割し、人という想いを捨て、心を解放する修行方法。

である。なぜこれほど多くの修行方法があるのかといえば、瞑想者の気質・性格は十人十色であり、その多様性に対応すべく修行方法が開発されてきたからにほかならない。だから好色の瞑想者であればその対処法といわれる不浄観を主に修行するのが効果的である。つまり必ずしも一人でこれらすべての瞑想方法を実践しなければならないというわけではないのである。万人向けの瞑想対象は、十遍処の地、水、火、風、光明、空間とされるが、厳密にいえば、四十業処のいずれを瞑想対象として修行したかによって、到達し得る瞑想のレベルは異なるとされる。

また、ヴィパッサナー・バーヴァナーの瞑想対象は、無常（anicca）、苦（dukkha）、無我（anattan）である。

慈悲の瞑想

現代の上座仏教圏であまねく実践されている修道法の代表が慈悲の瞑想である。慈悲の実践はすでに原始仏教で説かれており、慈悲は智慧とならぶ仏教の中心的徳目をなしている。

「慈」（メッター）とは他者に利益や安楽を与える慈しみの心をいい、「悲」（カルナー）とは他者の苦しみに同情し、これをとりのぞいてあげようとする思いやりをいう。

後に、慈悲の徳目に喜（他者の幸福を喜ぶ）と捨（心の平静、平等心）の二つが加わって慈悲喜捨となり、四無量心とか四梵住（Brahmavihāra-bhāvanā）の名で教義として体系化された。

慈悲の実践つまり慈悲行それ自体が仏教の実践そのものといっても過言ではないのであるが、止観という観点からいえば、慈悲の瞑想は、観（ヴィパッサナー）に入る前段階に行なう瞑想として位置づけることができる。それは、ヴィパッサナーの実践を始めるにあたり、瞑想者が他人に対して憎悪や怒りの感情を抱いたまま瞑想を始めても、心が散乱し精神が集中できないために瞑想がうまくいかないからである。そこでこういう事態の発生を想定してメッターの瞑想から入るのである。

慈悲の瞑想には自己と他のすべての生きものの幸福を願う心を育む力があり、この瞑想によって心にわだかまる罪悪感や憎悪、怒りを消し去ることができる。慈悲には怒りを鎮める働きがあるからである。これによって、心が清らかになり、それとともに心の落ち着きをとりもどせるのでヴィパッサナーに無理なく入ることができるとされている。

慈悲の瞑想を行なう手順としては、まずはじめに「幸福という安楽がありますように」と自分自身の幸福を祈ってから、それから順次家族、親戚、友人など身近な人々の幸福を祈り、最後に自分からもっとも遠い存在である人々の幸福を祈るのがよいとされる。

慈悲の精神を尊ぶのは何も大乗仏教ばかりでなく、上座仏教においてもその精神になんら変わるところがない。なぜならば、大乗も上座仏教もともに仏陀のさとりというおなじ種子から生まれ育った宗教だからである。

原始仏典に『メッタスッタ』（Mettasutta）という経典がある。このお経はその名のごとく慈悲の精神を説く経典として知られるが、護呪経典（paritta パリッタ）としても上座仏教圏のあいだで大変愛好されている経典である。たとえば上座仏教国であるミャンマーには「あなたに慈愛の心を送ります」（メッター・ポ）という慣用表現があり、他者に慈愛の心を送り、他者の幸せを祈る伝統がある。

入出息念

われわれの心はまるで猿のごとくあちらこちらへと動きまわる。このような性質を持つ心をコントロールするためにはどうしたらよいであろうか。猿であれば、縄で柱に縛りつけておく方法をすぐ頭に思い浮かべるであろう。ちょうどそのように、上座仏教の技法を譬えていうと、猿のようにあちらこちらへと動きまわる心を呼吸に縛りつける技法だということができる。

ここで呼吸が柱に相当する。われわれが一時も休むことなく吸ったり吐いたりしている息（呼吸）を柱と見立てて、それに心を縛りつけるというわけである。しかし心を縛りつける対象物は必ずしも呼吸に限定されるわけではない。呼吸以外の他のものでも構わないのであるが、呼吸を道具として使えば、特別な瞑想用具を用いずに身体一つですぐに瞑想を行なえる利点があるからである。そして何より呼吸はわたしたちの生命の源泉であるとの理由からインドでは伝統的に呼吸が選好されてきた。仏教もそれに倣ったのである。

一方、縄に相当するものがサティ（sati 念）である。サティには記憶という意味もあるが、欧米の学者・宗教者が mindfulness と英訳していることからも明らかなように、心にとどめおかせるはたらきとしての注意力（念不忘）をここでは意味している。すなわち、呼吸（出息・入息）を注意力の焦点として、呼吸だけに注意を向けることによって、意識の集中、つまり心の精神統一をはかる実践が入出息念（安般念）という瞑想法である。

近年、サティの翻訳語である「気づき」ということばが流布したことにより、気づきの瞑想という呼称を耳にする機会が増えたが、これは入出息念のことにほかならない。今、ここの自分に注意を向けて、意識がそこからさまよいだしたり、ふらついたりすることがないようにすることがこの修行の目的であり、気づきとは心が今、ここにあるということにほかならない。

入出息念は原始仏教の時代より不浄観とならんで瞑想法の基礎をなす行法であり、その伝統を受け継ぐ上座仏教においても、気づきを確立する実践法として重要視されている。

智慧と思考

気づきとは智慧のことにほかならないが、それでは智慧とは何か？　仏教では智慧のことをサンスクリット語でプラジュニャー（prajñā）、パーリ語ではパンニャー（paññā）といい、無常、苦、無我、縁起、中道など釈尊が説いた教えを洞察する認識力のことをいう。つまり現実のありようをありのままにみることをいう。

われわれ現代人は思考することを無批判によしとする傾向があるが、仏教の見方はそれと若干異なることに注意しなければならない。われわれが頭を使って考えるのは日々直面するさまざまな問題を解決するためである。しかし内観してみればわかることだが、考えると称しながらわれわれの思考の大部分は実は妄想や幻想のたぐいで占められており、頭を正しく使っているとはいいがたく、仏教はこのことを問題としているのである。ではなぜわれわれは幻想や妄想を追い求めるのであろうか。それはわれわれが快い経験を欲してやまないからである。ところが完全にめざめた人（ブッダ）には妄想がないといわれる。

上座仏教の瞑想指導者は、このブッダの威徳に倣い、瞑想を実践するにあたっては、妄想や幻想といった想念のたぐいが心を占領することのないように、妄想が心に浮かんできたらただちに妄想を追い求める心を手放すことがきわめて大切であると瞑想実修者に対して指導している。妄想を手放すこと、これが上座仏教の瞑想実践上の肝心要《かなめ》な点とされる。

四念処

原始仏教には数多くの修道法が存在する。その中でもっとも代表的な修道法は、四念処《しねんじょ》、四正勤《ししょうごん》、四神足《しじんそく》、五根《ごこん》、五力《ごりき》、七覚支《しちかくし》、八正道《はっしょうどう》という七種の修道法である。これらの修道法は各々系統を異にするが、部派仏教に引き継がれて三十七菩提分法ないし三十七道品と称されるようになった。個々の修道法を合わせると三十七になるからである。

このうち八正道がつとに有名であるが、八正道によらなければ理想の境地に到達できないというわけではけっしてない。右にあげたいずれの修道法によっても同様の理想の境地に到達できるとされている。

上座仏教の瞑想がもっぱら依拠するのは四念処である。四念処は、瞑想法の基本である入出息念と不浄観にもとづいて智慧の完成までを説く修道法の王道といわれ、念つまり気づきを確立する修道法である。具体的には、身体、感受、心（感情）、法の四つの対象に心をとどめおいて、それを無常、苦、無我という三つの観点から観察する修行である。観察とは、観察されたものにいっさい価値判断をくわえたりせずに、ただ注意と気づきの状態におくことを意味する。この実践によって心が集中し、智慧の発現を促し、覚醒に至るという。

次に、『サティパッターナスッタ』（マッジマ・ニカーヤ第一〇経）の内容を要約して示しておこう。

一　身体の観察

この実践では最初にまず、呼吸に注意を向けることからはじめる。すなわち、経文に「長く息を吸っているときには〈長く息を吸っている〉と知り、長く息を吐いているときには〈長く息を吐いている〉と知る。短く息を吸っているときには〈短く息を吸っている〉と知り、短く息を吐いているときには〈短く息を吐いている〉と知る」とあるように、呼吸を注意力の焦点として用いて、注意を息の長短だけに向け、意識を一点に集中させることを訓練することがこの実践のねらいである。意識の焦点化と集中というテクニックが上座仏教の瞑想の基礎であり、これが十分にできないと先の段階に進めない。

次に、身体は不浄であるとみる観察を行なう。ここで、なぜ身体を不浄であるとみなすのか疑問に思うかもしれないが、それは仏教では、身体というものは自分が以前に行なった行為の結果として得られるものであると考えるからである。身体は不浄なものであるから、身体に執着すべきでないと仏教は戒めるのである。そして、身体の観察の最後の修行として、墓地に放置された遺体が腐乱して白骨化していくさまを観察し、死について考察する修行へと進む。この修行は、生老病死の人間観にもとづく仏教にとってみれば何ら驚くには当らないが、とはいえ、死を直視する修行はきわめて仏教的な実践といえよう。

二　感受の観察

感受の観察とは、感受〈感覚〉は苦であると観察する実践である。仏教では感覚を、快い感覚、不快な感覚、快くも不快でもない感覚の三種をたてる。目を閉じて眠っていないかぎりは、われわれのからだには常に感覚器官（目・耳・鼻・舌・皮膚）や認識器官（心）と対象とのあいだに接触がたえず生じており、その接触のたびごとに、快い感覚、不快な感覚、快くも不快でもない感覚のいずれかとしてわれわれは感受しているのである。このとき快い感覚の場合には好む心が、不快な感覚の場合には好まない心が、快でも不快でもない感覚の場合にはぼんやりした感じや退屈さがついてくるという。たとえば快い感覚を感受したとき、そのことにもしわれわれが気づかないでいると、貪欲が生じてしまう。そうすると、その貪欲によって心が汚されるだけでなく、最終的には貪欲で自分自身が苦しむ結果になってしまうのである。なぜなら貪欲から幸せがうまれることはけっしてないからである。だから、われわれがそのことに「気づく」ことができれば、人を苦しめる諸悪の元凶である貪欲や怒りの芽を未然に摘み取ることができ、それによって心を安らかに保つことができるのだというのが仏教の考え方なのである。

三　心（感情）の観察

心（感情）の観察とは、心の中を覗いて心をあるがままに観察し、貪欲や怒りがあれば、あると知ることである。観察とは、前述したように、観察されたものに価値判断を加えずにただ注意と気づきの状態において、その存在を認め、それをそのまま受け入れることであり、すなわち自分の心に貪欲や怒りがあれば、それを否定せずに、貪欲や怒りがあると知ることである。そしてそれと同時に、心というものは無常であるということを観察する実践である。この世にあるものはすべて変化を免れることがないのであって、すべては変化しうつろうものである（諸行無常）とあるがままに認識する実践である。

四　法の観察

ここでいう法とは仏陀の教法のことではなくて、五蘊《ごうん》のことをさしている。五蘊（説）とは、〈わたし〉

という存在は五つの要素から構成されているとみなす仏教独特の考え方のことである。五蘊とは、色、受、想、行、識の五つをいう。色とは身体のことであり、受とは苦・楽・不苦不楽の感覚、想とは表象作用、行とは意志あるいは潜在的形成力、識とは意識のことで、つまりわたしという存在は、身体（色）と心（受・想・行・識）からなっているのであって、この五つの要素以外に意識ある生きものの主体として恒常不変の我・自我（ātman・attan）なるものは存在しないということを説明するための仏教理論が五蘊説なのである。

インドの哲学諸派が常住・単一・主宰のアートマン（我）を最重視するのに対して、仏教はそのような我を否定し、我・自我そのものを諸要素の集合とみなすところに仏教の独自性が存在する。法の観察とはこれら一つ一つの要素について実体がないとみる観察である。

仏典は次のように説く。

「比丘らよ、色は無常である。無常なるものは苦である。苦であるものは無我である。無我であるものは、〈わがものでもなく、われでもなく、わが我でもない〉。このようにこのことが正しい智慧によってありのままに観られるべきである。受は……（以下同文）、想は……、行は……、識は……」。

このように、法の観察とは、無常、苦、無我という三つの観点からわたくしなるものを観察することである。それによって、わたしを構成するどの要素も、一瞬ごとに生じては消えるものであり、すべては変化しうつろうものであることが実感できるのである。そしてまた、常住不変でないがゆえに苦であり、苦であるものは我ではない、つまり諸法無我であるということを観察し理解する実践でもある。ものごとにとらわれ執着する心、とりわけ自我にとらわれる心（我執）をとりのぞくことがこの実践のねらいである。

ブッダはこの経典の最後のところで四念処がいかに優れた方法であるかを次のように述べている。「ここにひとつの道（四念処のこと）がある。この道は、生きものたちを清らかにするため、憂いや悩みを乗り越えるため、痛みや悲しみの消滅のため、正しい道を得るため、涅槃を実現するための道である」と。

心と心所

心に関する理論は、以上で見たように原始仏教の時代に五蘊説などの理論が生みだされていたが、部派仏教時代に哲学的研究（アビダルマ）が進められた結果、それはより精緻な心理論へと発展、深化した。

上座仏教のアビダルマでは、四つの勝義諦――心（心王）・心所《しんじょ》・色《しき》・ニッバーナ――をたてる。

まず心を、心王（citta）と心的要素である心所（cetasika）との連係であるととらえる。心王（八九種）は、感覚を知覚したり、対象に気づく働きがあるが、対象がなければ生起しない。心所（五二種）は必ず心王とともに生起し、心王とともに消滅する。そして心王にはたらきかけて、心所の性質（善・悪・中立）に相応する、善・悪・中立いずれかの行動（乃至ことば・考え）を生みだす。心王と心所は感覚を捕捉しようとたえず感覚を志向するところから、心王と心所を集合的に名（nāma）という。

色（rūpa）とは、物質ないしエネルギーのことで、二八種あり、業（kamma）、心王、熱、食物によってたえまなくつくりだされ、熱などによって色形を変える。

上座仏教の瞑想実践はアビダルマ哲学をその基礎においており、上座仏教の瞑想をアビダルマ的に表現すれば、わたしを構成する心王・心所・色がどのように機能し、またそれらがどのようにしてつくりだされているのか、そしてまた縁起（因果関係）がどのように機能しているかを観察すること、であるということができる。心王・心所・色は勝義諦では肉眼では見えないが、瞑想が深まると見えるようになるのだという。そのありさまをあるがままに見るならば、名色はたえず消滅をくり返しており、したがって、そこに自我（attan）なるものは存在せず、存在するのはただ心王・心所・色だけであると正しく理解できるようになる。ニッバーナ（Nirvāṇa・Nibbāna 涅槃）とは、心王・心所・色から脱することにほかならない。

5　むすび

以上見てきたように、仏教はたんに仏教の開祖である釈尊を崇め奉るだけの宗教なのではない。仏教とは、釈尊が説き示した教えすなわちダルマ（法）を正しく理解し、それを実践することにある。実践しなければ仏教をわかったことにはならないのである。

自然界を見渡しても、われわれ人間ほどやっかいな存在はない。それはつまるところわれわれの心が善い性質と悪い性質、すなわち光と影の両面をあわせもっていることに起因する。仏教は、この人間の複雑きわまりない心の奥深くに分け入って、人間の本質とは何かを明らかにすることに努めてきた。そしてそれと同時に、制御しがたいわれわれの心をコントロールし、成長発達させる方法を開発してきた。上座仏教のヴィパッサナーはそうした技法のひとつである。すなわち、ヴィパッサナーとは、怒りに代表される負の感情を調御し、自己中心的な心を、慈悲心すなわち他人を思いやるやさしい心へと変容させる技法なのである。このテクニックが机上の空論でないことは、ヴィパッサナーが欧米諸国を中心に広くキリスト教圏にまで伝播し、実証主義者をもって任じるかれら欧米人に受容されている事実がその何よりの証左である。

では、なぜ欧米でかくもヴィパッサナーが人気を集めているのか。それは仏教がキリスト教ときわめて対照的な性格をもった宗教だからである。すなわちキリスト教においては、信徒が主体的に関与しうるのは、極論していえばイエスの復活を信じるか否かというその一点に帰し、自分で実地に体験する余地がその神学理論上かなり限定された宗教であることによる。これに対して、めざめることを目指し、自分の心と身体をつかって実地に体験（修行）するスタイルをとるのが仏教なのである。

仏教が西洋に紹介されたとき、キリスト教の信仰実践にあきたらなく思っていた西欧人が実践的なヴィパッサナー（やチベット仏教の瞑想）に強い関心を示したのは当然の成り行きといえる。そしてヴィパッサナーが自分の生き方を変える、つまり心の変容を促すきわめて有効な手段であることが評価され、急速に欧米諸国に広まっていったのである。

二十一世紀を迎え、世界各地でテロや暴力行為が多発し、わが国の安全神話も崩壊の危機に瀕している。大都市圏にとどまらず地方都市においても、感情爆発を起こしたりキレやすい人々が爆発的に増加していることを日々実感する。かつてのように心穏やかに暮らすことができにくくなった現代に生きなければならないわれわれにとって、心の安らぎと心の平和を目標とし、非暴力の種子である慈悲心を育成する理論と方法をそなえた仏教に学ぶことは少なくないのである。

参考文献

ゴンブリッチ、リチャード、森祖道・山川一成訳『インド・スリランカ上座仏教史』春秋社、二〇〇五年
中村元『ゴータマ・ブッダ――釈尊の生涯――』春秋社、一九六九年

中村元訳『ブッダの真理のことば感興のことば』〈岩波文庫〉岩波書店、一九七八年
中村元訳『ブッダ最後の旅』〈岩波文庫〉岩波書店、一九八〇年
中村元訳『ブッダのことば』〈岩波文庫〉岩波書店、一九八四年
中村元『原始仏教の思想Ⅰ』〈中村元選集（決定版）第十五巻〉春秋社、一九九三年
中村元『原始仏教の思想Ⅱ』〈中村元選集（決定版）第十六巻〉春秋社、一九九四年
中村元『ゴータマ・ブッダⅠ』〈中村元選集（決定版）第十一巻〉春秋社、一九九三年
中村元『ゴータマ・ブッダⅡ』〈中村元選集（決定版）第十二巻〉春秋社、一九九五年
中村元監修、及川真介・羽矢辰夫・平木光二訳『原始仏典第四巻　中部経典Ⅰ』春秋社、二〇〇四年
ベンツ、エルンスト、南原和子訳『キリスト教――その本質とあらわれ――』平凡社、一九九七年
ボワスリエ、ジャン、富樫瓔子訳『ブッダの生涯』創元社、一九九五年
前田惠學『現代スリランカの上座仏教』山喜房仏書林、一九八六年
前田惠學『パーリ学仏教文化学』〈第一二号〉山喜房仏書林、一九九八年
山口惠照・西尾秀生・北川清仁編『宗教と救済』ナカニシヤ出版、一九九七年

第3章　インテグラル・ヨーガ

北川清仁

インテグラル・ヨーガ（総合的ヨーガ）は十九世紀後半から二十世紀半ばまでを生きたインドの独立運動家からヨガ行者に転じた、思想家、詩人でもあったオーロビンド・ゴーシュが提唱したヨーガである。インテグラル・ヨーガはかれ自らの体験と思想にもとづいている。以下、オーロビンドの生涯とヨーガ、インテグラル・ヨーガの理論、そのヨーガの実際的手引きを紹介する。

1　オーロビンドの生涯とヨーガ

イギリス留学時代まで

オーロビンドは一八七二年カルカッタに生まれた。父はイギリス留学の経験のある医者であった。かれはインド嫌いで、家庭はすべてイギリス風で、英語以外の言葉を禁じていた。五歳のとき、母の精神錯乱も原因の一つと推測されるが、自分の子供を完全なイギリス人として育てイギリス植民地政府の役人にしようとする父の多分に独善的な意図により、かれは兄弟とともにダージリンにあるキリスト教系の学校に入れられた。生徒はほとんどイギリス人であった。七歳になったとき、かれは兄弟とともに今度はイギリスに留学させられた。父の厳命はインド人と接触してはならないとのことであった。かれは二十歳になるまでイギリスに滞在することとなった。初めは、父の知人であった、マンチェスターの牧師の世話になり、後、ロンドンに移った。このころから父からの仕送りが途絶え、厳寒のロンドンで部屋に火の気なく外套なく、一日わずか数切れパンのみで過ごしている。かれらを救ったのはケンブリッジ大学の奨学金であった。しかし、かれの心に深い影を落としたのは貧困ではなく、インド人でありながらイギリス人であるという深刻な自己矛盾であろう。

イギリス留学時代にオーロビンドが読んでいたものは、文学に偏っており、特に好んだのは、シェリーやキィーツなどのロマン派の詩人の作品であるが、ヨーロッパの諸言語で書かれた文学作品を原語で広く読んでいる。かれは少年時代から詩を書いているが、死の間際、死の予感を待って完成させた作品も「サヴィトリ」という長編詩であった。フランス革命に感激して書かれた、シェリーの詩「イスラムの反乱」にかれは深い感銘を受け、自分は同様の世界の変革に生涯を捧げて、その変革の一端を担おうと心に決めたという。世界の革命的な変化によって理想の世界が生まれるというこの少年の信念は、後年、かれの思想、ヨーガの核となる。かれはインドの精神的伝統の正統な後継者であると信じているが、かれの思想的立場の根底には西洋の進歩的歴史観があり、インドの宗教的伝統をそれによって解釈し直したというべきであろう。

当時、西洋はフランス革命、アメリカの独立、産業革命を経て、人類は革命的変革によって無限に進歩するという素朴、楽天的信仰によって席巻されていた。革命的変化によって、この史上初めて世界史の主役になった圧倒的な物理的力を持つに至った西洋の、いわば暴力装置が遺憾なく力を発揮した場所が、イギリスの過酷な収奪によって世界最貧国となったインドであった。

オーロビンドはケンブリッジ大学在学中に、イギリスのインド留学生によって組織されたインド独立運動の秘密結社「蓮と短剣」に入って活動している。また英訳でインドの宗教の聖典であるウパニシャッドを読んで、真の自己はその聖典の説く「アートマン」に他ならないと知ったという。インドの宗教においては、アートマンとはウパニシャッドにおいて紀元前五、六世紀ころに初めて表明された「真理」であり、瞑想によって直観される「真の自己」であって通常の自我意識を超え、絶対者の意識そのものでもあるとする。こういう活動や読書は、かれの父の失望を買うものであろうけれども、かれなりの自己矛盾の克服の努力とみなされるであろう。後年、かれは、このときのアートマンの認識がいまだ知的にすぎなかったと述べている。知的とは絶対者を神秘的に直観するところに至ってないということである。かれはインド植民地政府の役人になる試験を欠席する。そのころロンドンでバローダ藩主と出会いバローダ藩にかれは招かれた。かれはイギリスを後にして海路インドに向かった。一八九三年のことであった。イギリス人とのいさかいから、一転してイギリス人嫌いの、家計をも省みない慈善家となっていた父は、酒びたりの日々をすごしていたが、オーロビンドが乗った船が沈没したとの誤報に衝撃を受け、かれの帰国の直前に亡くなった。

バローダ、ベンガル時代

オーロビンドがボンベイに降り立ったとき、「広大な静けさ」がかれを包み、それは何か月も消えなかったという。また、子供時代からかれにずっとたれこめていたタマスが消えたという。タマスとは、インドの古典的世界観では、流転する世界を構成する三要素の一つの呼び名であるが、この場合、長年悩まされていた陰鬱な気分から解放されたことであろう。広大な静けさと晴れ晴れした気分は、家庭を喪失しインドから引き離されていたかれの心が、ようやく安堵の境地を見出したという心情の変化を物語るものであろう。

かれは藩主の秘書をしたり、バローダ大学で教鞭をとったりする一方で、急進的な独立運動に身を入れていた。かれはまたインドの宗教、文化、言語を学び身につけた。特にかれは、インドにあっては宗教とは教義、信仰、儀礼の寄せ集めではなく、至高の境地へと自ら体験を深めていくプロセスそのものであり、かつインド文化の根幹をなすことを知り、惹かれていった。

多忙な生活の合い間、カシュミールで、かれは、現実感の喪失を伴う宗教的な高揚感を経験した。その経験を語る「アドヴァイタ（不二）」と題する詩がかなり後、一九三九年に作られている。世界や自分の存在がまるで幻のように感じられる気分はありふれた経験であるが、かれのこの経験に対する言及や、何十年も後に作られたこの詩によると、かれはその気分の根底に無限、唯一の実在の直観を認め、インド正統派の宗教的セクトでありかつ学派であるところのヴェーダーンタ派の信仰の根本をなす信念である絶対者ブラフマンの超越的境地ならびに、ゴータマ・ブッダのニルヴァーナ（悟り）の境地に至る先触れと解釈している。それはかれがどのような経験をしたのかということを伝えるものではなく、かれがその経験にどのような意味付けをしたかを伝えている。

オーロビンドは一九〇一年二十八歳でその半分にも満たない年齢のムリナリニと結婚をしている。しかしかれが心を奪われていたのはインドの独立闘争であり、心の内部から台頭してくる抑えがたい宗教的欲求であった。結婚生活といえるような期間はほとんど無に等しく、彼女は結婚まもなく親もとに帰りそのまま一九一八年に亡くなっている。

かれは一九〇四年からヨーガをグル（師匠）なしで始めている。それによって、健康改善、創作力増進、ヴィジョンを多々見るなどの効果があったが、ヨーガによって、かれは、何よりも、インドの精神を自ら経験し体現しようとしていた。

ヨーガを始めてまもない頃、あるカーリー寺院でカーリー女神に宿る神を感得し、神像の礼拝の真実を知ったと述べている。かれはインド民衆の伝統的宗教として伝えられてきたヒンドゥー教の力の源泉に触れたのである。

オーロビンドはヨーガの独習に限界を感じて一九〇八年にはヨーギン（ヨーガ行者）のヴィシュヌ・ヴァスカル・レレにヨーガの指導を受けた。レレはまず、最初の三日間、オーロビンドの心に完全な静寂をもたらすことから始めた。レレはいった、「あなたの自身の考えは、実は、外からあなたに入ってくることが観察すれば分かるでしょう。考えがあなたに入る前にふりはらうのです」。かれが自身の心を観察すると、驚いたことにその通りなのであった。考えが「もの」のように頭を通して、あるいはその上から近づいて入ってこようとし、それが入る前に「もの」のように押し返すことができるかのように、分かり始めたのである。かれは完全な心の静寂を実現した。それ以来かれは意識的に思考できなくなり、頭の中はいわば白紙のような状態になった。しかしかれには独立運動の指導者として多忙な仕事が待ちかまえており、演説が目白押しに控えている。そのときかれに起こった内面的変化は内なる神の声の呼びかけである。かれは自らの考えを述べるのではなく、ただ内なる神の声を伝えるという意識状態で演説にのぞんだ。ほどなくしてかれは沈黙のブラフマンすなわち超越的な無相のブラフマンを経験したという。レレはオーロビンドに以後は内なる声に従うようにと指示しかれの指導から手を引いた。

同年、兄弟の率いるグループによるテロにかかわったかどでオーロビンドは逮捕された。アリポール刑務所に収監されているとき、かれはヒンドゥー教の聖典『バガヴァッド・ギーター』に説く瞑想を行ない、一切はクリシュナすなわち神の現われにほかならないことを悟ったという。監獄の塀、鉄格子、看守、独房の前の庭の木等の一切がクリシュナであるという。

このときの体験は翌年釈放されたすぐ後にウッタルパラで行なわれた演説に明らかにされている。それによると、かれは監獄の中で、自分はインドの人々のために尽くすという使命があり、あなたの加護があるはずであるのに、収監されるのはどうした訳かと、神に問うたという。かれの内なる神の声によると、かれには二つの使命が与えられていた。一つはインドの独立運動である。いま一つは、まさに今からなされなくてはならない使命である。すなわちヒンドゥーの宗教に関するもので、古来から、聖者、神の化身たちによって全きものとなり、展開してきた永遠の真理、永遠の宗教であるヒンドゥーの真理を世界に広めるというものである。インドはその真理のために高められなくてはならない。インドの人々が立ち上がらなくてはならないのは永遠の真理のためであってかれら自身のためではない。かれらに神が自由を与えるのは世界に奉仕するためである、という。その永遠の真理とは、世界の一切のもの、人々、動きはクリシュナにほかならないという体験である。クリシュナとは『バガヴァッド・ギーター』の教主であり、ヴィシュヌが世界救済のために地上に現われた化身であるが、また世界の一切がクリシュナにほかならないとも説かれている。オーロビンドの神秘体験は世界が神の現われにほかならないという後者の体験である。

ポンディシェリー時代

一九一〇年オーロビンドはポンディシェリーに移り、修行（かれはサーダナと呼ぶ）に専念するようになり、以後、終生そこを離れなかった。しかしこれは世捨て人として隠棲することを意味しなかった。かれは、ヨーガは人生から逃れることではなく、人生を根底から変えることによって完成することであるとの考えを持っていた。かれには監獄での神の声にもとづく四つの人生になすべき次のようなテーマがあった。すなわち、

一、著述の仕事、それによってインドの伝統を新しい視点から解釈し直す。二、その視点に立つ新しいヨーガの方法を確立する。三、インドはこれらの仕事のための中心とならなくてはならないので、インドは世界においてそれにふさわしい位置を占めなくてはならない。四、人間は全き存在者とならなくてはならないゆえに、それにふさわしく人間社会は作り変え（リモデル）なくてはならない。

ポンディシェリー以前は第三番目にかかわることが主であった。ポンディシェリーでかれは『ヴェーダの秘密』『ギーターへの覚書』『インド文化の根底とインドのルネッサンス』『ウパニシャッド』等の著述によって第一の目的を果たし、『ヨーガの総合』等によってヨーガ論を完成、『聖なる生活』『超知性的顕現』『マザー』等の著述によって思想を発表した。

これら前三者は一九二〇年までにほぼかたちをなしたが、第四番目の社会の改変がまだほとんど手がつけられていなかった。同年かれは自己のヨーガに霊的基礎を置いた共同体（サンガ）を設立してそれを核に自分の理想を実現しようとするが、知人にそれを任せていたこともあって、挫折する。かれは自分の住まい

をそのセンターにしようと考えた。しかしかれと行動をともにして身近にいる仲間は、かれを兄、友人と思ってはいても決してグル（宗教的指導者）とは思っていなかった。かれは自分の切り開いたサーダナを押し付けがましくない穏便なやり方でかれらに教え始めた。やがてかれらの中からサーダナをすすんでするものが増え始めた。

一九二〇年にはフランスからミラ・リシャールがかれのもとに来ている。彼女はオーロビンドの弟子のサークルの一員になったが、かれの導きによって深い宗教体験を得て、やがてかれのパートナーとして教団シュリ・オーロビンド・アシュラムの設立の中心的役割を果たすようになる。オーロビンドはインドの伝統的なアシュラムの形を嫌っていた。アシュラムとは道場という意味で、共同生活する出家者の団体を指すもので、インドでは昔から、あちこちに、大小のアシュラムが設立されてきた。インドでは「聖者」が現われたとなると、必ずその聖者を慕って出家する弟子たちが出来てしまってアシュラムが生まれる。

かれは厳格な規律と俗離れした雰囲気は好みではなかった。サーダナの後は一同が雑談をするのが習わしであった。政治、経済、文学、美術などあらゆることが弟子とオーロビンドの間で話題となった。アシュラムの新参者はオーロビンドが他のグルとは全く違うことにうろたえたという。ダルシャンという弟子たちがグルに面会しグルから霊的エネルギーを浴びるインドのいずれのアシュラムでもいわばきまりとなっている伝統の儀式は、朝刊を読むグルの傍でただ黙って座っているだけということで代用しなくてはならなかった。

一九二六年頃には弟子が二十人以上に増えた。アシュラムは段々と形を整えてきた。このころからオーロビンドはミラ・リシャールを絶対者ブラフマンのエネルギーであるシャクティ（力）を顕す存在であるとみなすようになり、「マザー」と呼ぶようになり、弟子たちに、彼女は最高のヨーガの導き手であると説き、シャクティとして見るように勧めた。彼女は以後、教団内ではマザーと呼ばれ、教祖オーロビンドの働きそのものシャクティとして、かれと不離な存在として崇敬を受けるようになった。

同年、オーロビンドはシッディ（成就）を得たという。シッディとはサーダナが目的とするところの、目指す境地に達したということを意味するが、かれの説明によると、オーヴァーマインドという、絶対者のシャクティに僅かに無明のかげりのある境位からのシャクティの降下を受けそれがかれの肉体まで達したという。分かりにくい説明であるが、ブラフマンと一体となる意識、境地に非常に近いが、僅かに無明のかげりがある意識状態まで実現し、その意識がかれの肉体まで浸透していった、と理解しても間違いではないが、かれはその意識をエネルギーそのものとして実体的に見るので、その境地に達することとは僅かに無明のかげりのあるエネルギー（シャクティ）がかれの体に降下して満たしたという経験をしたというのである。これ以降、かれはサーダナに集中し、弟子たちの前にほとんど姿を見せなくなった。ダルシャンが年に三回行なわれるのみでかれはマザーを通してのみ弟子たちと接した。かれは、社会変革はますアシュラムが前衛とならなくてはならない、そのためにはかれ自身とマザーが絶対者のシャクティの降下の道を切り開かなくてはならないと考えたようである。それによってアシュラムの成員が降下した聖なるエネルギーを受け、かれらのヨーガが成果をあげうるようになるのである。アシュラムが、まず、人類救済の前進基地となるのである。弟子の前からも姿を消したけれども、かれは自己の目的は地上における神聖な生のセンターを創造することであると考えていた。かれははじめはマザーを通して弟子たちを指導した。後には弟子たちと手紙をやり取りするようになった。一九三八年にけがをしてやめるまで五年余り、毎日十時間あまりも手紙に費やしている。かれにとっては書くことがダルシャンそのものであったようである。その膨大な手紙の一部分が出版されているが、そこにはかれのヨーガの性格がよく顕われている。ヨーガはひとそれぞれにいちばんふさわしい方法があるのであるが、マザーやオーロビンド、とくに現実的力（シャクティ）を有するマザーへの全面的自己放棄は必須で中心的行ないであるというのである。

一九三八年のけがはオーロビンドの生活に変化をもたらした。かれは毎日弟子の前に姿を現わし雑談をするようになった。けがが治ったあともそれは四十年末まで続き、それ以降も時々雑談をするようになった。昔のように話題は多方面にわたっていた。次の会話は、その頃、ヨーガの実践を話題としてなされたものである。

マニラル博士　瞑想にどうしたら成功するのでしょうか。

オーロビンド　心を静めるのです。無限者そのもののみならず、平安、喜び、光、力の無限の海が頭上にあるのです。金色の蓋、ヒランマヤパトラムが、心と心の上にあるもののあいだにあるのです。あなたがこの蓋を破るならば〔手を頭の上で動かしながら〕、それら〔平安、喜び等〕がいつでも降りてくるのです。しかしそのためには、静けさが不可欠です。

……

マニラル博士　どのようにしてこれらすべての静けさ、喜び、光、力を得るのか教えてください。

オーロビンド　秘密は待つことであってそれ以外はありません。〔笑い〕とても難しいことでしょうか。とにかく、待たなくてはならないのです。ヨーガは忍耐を必要とします。昔のヨーガはそのような経験を期待できるまで十二年待たなくてはならないと教えています。それだけ待ってはじめて不平をいえるのです。しかしあなたはかって多くの〔そのような〕経験をしたといっていましたので、あなたには不平をいう資格がないのです。

マニラル博士　あるとき、私は自分の頭がマザーの足元にある感じがしました。これはどういった訳なのでしょうか。

オーロビンド　それは魂が経験したことです。したがってあなたは霊的（サイキック）な経験をもちました。

……

マニラル博士　あいにく私には分かりませんでした。〔大笑い〕

オーロビンド　邪魔しているのは「私」なのです。経験がまるで他人に起こっていることのように、それ〔私〕を忘れなくてはいけません。もしそれが出来たら大きな克服です。私がニルヴァーナ（涅槃）の〔一九〇八年に〕経験をしたとき、私は自分を完全に忘れていました。私はいわばだれでもなかったのです。この「私」を抱えて生きているマニラル博士しかじかとは一体何の役に立つというでしょうか。もしあなたが内なる存在を発見したら、もし死んでいたとしても、それはすばらしい死です。

マニラル博士　人間の意識が聖なる意識に取って代わったとしたらどういうことになるのでしょうか。

オーロビンド　永続的な平静さ、永続的な力を感じます。無限に気づき、無限を生き、永遠を生きます。不死を感じ肉体の死を気にかけなくなります。それからすべての中なる一者の意識をもちます。一切はブラフマンとして見ます。たとえば私は部屋を見回しますと、一切がブラフマンと見えるのです。それは単なる思考ではありません。それは具体的な体験なのです。壁、本さえもブラフマンなのです。あなたはもはやマニラル博士ではありません。聖なるものの中に生きてある聖なるものなのです。それはすばらしい体験です。(Nirodbaran, ed. *Talks with Sri Aurobindo* Vol.1 ,pp. 19-21)

オーロビンドはシッディの後の自己の宗教経験については、ほとんど語ることもなく、書くこともなかった。かれがサーダナに集中し弟子の前に姿を現わさなくなるその後、アシュラムはマザーが表に立つようになる。

第二次世界大戦が始まると英領インドも戦争に巻き込まれた。多くのインド人が白人支配の反発から日本を含む枢軸国側に共鳴したが、一九四〇年にオーロビンドは公にフランス、イギリス支持を表明して多くの人を驚かせた。ナチスは悪の力の権化であるというのである。一九四七年にインドがパキスタンと分離独立したときは、かれはインドの力が分離によって削がれると悔やんだ。世界やインドの情勢はかれのヨーガの理想と無関係でないのでこのように常に関心をもち、公に発言を繰り返している。

一九五〇年かれは息を引き取った。かれの後を引き継いだマザーは一九七三年まで生きた。

2　インテグラル・ヨーガの理論と実際

ヨーガの伝統

ヨーガとはインドで生まれた身体から心にまで及ぶ宗教的訓練法すなわち修行法のことである。その起源はおそらくアーリヤ人のインド進入以前のドラヴィダ人の宗教にまで遡るであろう。アーリヤ人がパンジャーブより中インドに進出して、インド先住民族と人種的文化的に混合するに伴い、アーリヤ的な祭祀宗教がインド的変容と遂げるにしたがってヨーガは不可欠の要素となっていった。ヨーガは修行のプロセスとともに、その目的であるブラフマン等の絶対者との合一あるいは解脱の状態をも意味する。インドの諸宗教ならびにそれらのセクトそれぞれのヨーガを説くようになり、元来は一種の修行法を意味したヨーガという言葉は、やがてその用法が拡大して絶対者との合一や解脱の手段、方法全般に適用されるようになった。

ヨーガとよく似た言葉に苦行（タパス）がある。ヨーガは意識に変化をもたらす心理的訓練に重点があるに対し、苦行と一般にいわれる場合は、身体的訓練、とくに身体を苦しめる行法にかかわり、それによって意識に特殊な変化をもたらそうとするものである。苦行は変性意識をもたらすために多くの文化が採用してきた技術である。苦行者は世界のどこにおいても人間の能力を超えた力を持つものとして畏敬の対象であった。『リグ・ヴェーダ』の一番新しい部分である第十巻にはタパスへの言及がある。第十巻中の「無有歌」には「かの一者（タッド　エーカム）」が「タパス」によって世界を創造したとある。この場合、タパスは「熱すること」とも解釈できるが、いずれにしても苦行と熱することとは密接に結びついた観念であるから大きな相違はない。苦行はおそらくアーリヤ人がインドへもたらしたものであろう。苦行と深い関係にあるのが、ヴェーダに登場する「ソーマ」である。『リグ・ヴェーダ』には多くの讃歌がソーマに捧げられている。ソーマはある種の植物であるらしいが、インドではヴェーダ時代から代用の植物が使われ、ソーマが何であったかの記憶は失われていた。しかしソーマは幻覚作用のある植物であったらしいことは間違いないであろう。アーリヤ人がインドに進入してからは、ソーマが手に入らなくなったので、やむなく代用品で祭祀を行なったのであろう。『リグ・ヴェーダ』の次のような讃歌はソーマが祭祀に果たしてきた役割を示唆する。

ソーマは陶酔を催させつつ、われらが寛裕なる庇護者の名声のために、進みいでたり、祭祀の場において搾られて。（9．32）

われらはソーマを飲めり、われらは不死となれり。われらは光明に達したり、われらは神々を見いだせり。今や敵意われになにをかなし得ん。人間の悪意何をかなし得ん、不死なる神ソーマよ。（8．48）

（辻直四郎訳『リグ・ヴェーダ讃歌』〈岩波文庫〉から）

インドにおいては、ソーマに取って代わる新たな幻覚剤を見つけ出すことより、苦行やヨーガによって意識の変革を図ろうとする方の選択がなされた。インド風聖者誕生への道が開かれたのである。

ヨーギン（ヨーガ行者）と苦行者との間の区別ははっきりしているわけではなく、ゴータマ・ブッダのように途中苦行からヨーガに修行方法を変える者もいる。ヨーガと苦行とは前述のように多分起源が相違するであろう。しかし両方ともソーマと呼ばれる植物による幻覚と同様の意識状態を招いてしまうプロセスである点において共通である。苦行よりヨーガの方が幅広い支持を受けたのは後者が苦痛が少ない、その意味で易行であるからであろう。ヨーガは「快適に」なされなくてはならない。意味のある区別は、苦行者であるかヨガ行者であるかということではなく、出家者であるか、在家者であるかという区別である。

ヨーガという言葉がインド宗教において、言葉の意味があいまいになるほど広く好まれたのは、ヨーガを標榜すれば自派が伝統的に正当であることを主張し易いことや、一般受けするということ以外にも理由があるに違いない。それはヴェーダーンタ、サーンキャを始めとする諸派の中心的信念は、幻覚状態そのものとはいえないにしろ、高度の精神集中によって得られる非日常的な意識状態のみによって確証されるからである。その確証は思索を後に引き起こす場合があるにしろ、思索とは関係がない。思索を超越していることではなく、思索とは別様の心の働き方であって、論理的矛盾や曖昧さをも、ものともしない。

ヨーガとは実際、インドにおいては「宗教」と同義語といってもよい。ヨーガはその長い歴史を通して一体何を生んだであろう。インドの諸宗教、諸派以外を生まなかったという、この当然といえば当然のこの事実が、この漠然とした言葉を理解するヒントを与える。それは、もし通俗的にインド起源の健康体操の一種にすぎないと考えるのでなかったら、ヨーガをたえず変態を起こす曖昧模糊とした一つの全体として、宗教の一形態と考えなくてはならないという点である。人間にとって、「考える」ことほどには普遍性がないと思われる、インドにおける特殊な伝統的宗教であるということである。

オーロビンドのヨーガの定義

オーロビンドのヨーガ論は大部な『ヨーガの総合』や弟子に宛てた大量のヨーガに関する手紙等によって知られる。かれのヨーガ論は哲学的な体系である『聖なる生活』と密接につながっており、実践の手引きの集成ではなく、哲学的体系と対をなす実践に関する思想である。ヨーガ論にはかれ自身のヨーガの体験、方法が反映しているが、それらは理論的反省を経て思想の一部となっている。このヨーガは、かれによって、インテグラル・ヨーガ（総合的ヨーガ）と名づけられている。

オーロビンドによれば、ヨーガの基本的意味は結合、繋ぐことであり、人間の意識をより高い、超越的な、永遠の、聖なる何かに繋ぐ、結びつけることである。

『ヨーガの総合』にはヨーガを次のようにいう。

人間存在に潜んでいる可能性を現実化し、宇宙ならびに超越的実在と個としての人間を結合することによる自己完成への組織的な努力

人間が結合する、その永遠の超越的にして聖なるものこそ、宇宙の真理であり、真実在にほかならないから、ヨーガのプロセスは無知から知へのプロセスにほかならない。真理は理性によってではなく、ヨーガによって知られる。真理を知ることはそれと一体となること、真理を生きることである。ヨーガの語義である結びつくという意味がこの知のプロセスにはあるゆえに、これは単なる対象思惟的認識過程ではなく、知ることはすなわち成ることであるという性質をもった過程であるといえる。完成されるべき自己も、個性的日常的自己の限界をはるかに離れ、宇宙的実在、さらに宇宙超越的実在そのものとなるということになる。普通の意味の自己は失われる訳である。このような意識状態を変性意識と普通呼ぶのであるが、かれによれば、この意識の変性的プロセスは実在の真理構造をなすものであり、自己ならびに宇宙、超宇宙の真理を悟るプロセスであるという。これが、神聖、慈悲といった人間の価値の至高の源泉の一つであることは間違いないとしても、これらの境地が、単に個人的内面的経験の一つの特殊相にすぎないと考えるだけでは満足せず、オーロビンドはその客観的真理性を要求するのである。人間、世界、宇宙の実相が観察、実験を伴う合理的

思索によらず、ただヨーガの瞑想によってのみ明らかにされるというのだ。ここではヨーガという心理操作の技術が、真理獲得のための唯一のまともな手段、ひとことで言えば、人類にとって、とほうもなく重要な手段となってしまっている。

実在の問題とヨーガの理想

一体、オーロビンドの考える実在の真理構造はどのようなものか。かれによると唯一の実在はインドの正統派が絶対者として古来から説いてきたブラフマンである。ブラフマンの一元論であるが、かれは「ブラフマン」よりも「聖なるもの（the Divine）」という言い方を好む。インドの伝統とかかわる文脈においてはブラフマンという。自分の至高の境地である「聖なるもの」はけっしてインドの伝統のみによって限定されない普遍的な体験であるといいたいのであろう。聖なるもの、唯一者たるブラフマンは超越面と現象面がある。現象面は宇宙創造的力、エネルギー（シャクティ）として時間、空間の広がりにおける絶えざる生成である。かれが特に強調するのは物質もブラフマンであってけっしてヴェーダーンタ学派の巨匠シャンカラが説くように世界は幻影（マーヤー）ではないということである。それにたいし超越面は時空を超えた実在・精神・歓喜（サッチダーナンダ）である。サッチダーナンダはインドの正統派であるヴェーダーンタ学派が説くブラフマンの特性そのままである。この超越的ブラフマンは現象を顕現するに当たって、まず、自体の純粋なエネルギーの境位を取るという。そのシャクティをかれは、超心（Supermind）、真理・意識（Truth-consciousness）などと名づけている。これが世界の顕現の源であるという。かれのいうには、この真理・意識がリタ・チットなどとして『リグ・ヴェーダ』に説かれているという。『リグ・ヴェーダ』には、後世の注釈者が見落とした隠されたメッセージがあり、かれはそれを再発見したという。それはかれと全く同一の宗教体験を伝えるものであるという。

ブラフマンにはこのように超越面とシャクティたる現象面がある。両者を「静的、動的」、あるいは「存在と生成」などともかれはいう。ブラフマンのこの両面性を認めることによって、かれははじめてブラフマンの真の一元論が成り立つという。また従来インドのヨーガはその理想をただ静態的超越的なブラフマンの境位のみにその目的をおいていた、という。そこでインドでは現世否定的な解脱の宗教理想のみが幅を利かせていたのである。しかしオーロビンドのヨーガはブラフマンの両面の境位を経験することを目的とするという。これがインテグラル・ヨーガ（総合的ヨーガ）の意味であるという。ブラフマンの超越的境位からさらに現象的境位、すなわち地上において生身の人間の生において聖なる生活を実現することがヨーガの理想でなくてはならないとする。

ところでオーロビンドはこのようにブラフマンの両面性をいい、特にシャクティ面を強調する。そして「物質もブラフマンにほかならない」というが、これについて今一度、考えてみなくてはならない。この意味は、単に精神性向上の手段としての「物質をブラフマンとして念想する」という瞑想修行の内容ということにとどまらないのである。かれによれば、現代科学は物質とエネルギーが同じものであることを発見したが、その科学の扱うエネルギーとは実はインドでは古来から、特にタントリズムで重要視するシャクティそのものにほかならないという。したがって物質はブラフマンのシャクティすなわちエネルギーそのものが取ったすがたであるから「物質もブラフマンにほかならない」といわれるという。シャクティと科学のエネルギーとの同一視はあまりにも安易すぎるという以外にない。

かれのシャクティ・エネルギー論は、時勢に乗じた思いつきにすぎないとしても、ブラフマンの一元論はどうであろうか。これはウパニシャッドに登場して以来の長い歴史がある。ブラフマンはヴェーダの言葉、そしてその呪術的な力を意味したが、バラモンたちの瞑想のもろもろのイメージのうちの中心的役割を占め、ついには絶対者を指す観念となったものである。絶対者ブラフマンとは、現象世界がそこから顕われ、支えられ、そこへ帰する根源的一者である。自己という主観がブラフマンを認識できるとするとブラフマン以外に自己を認めることになって一者性に矛盾するから自己（アートマン）はすなわちブラフマンであるということになるが、外界や他者に対峙している無力な現実の自己がブラフマンのはずはないから、内奥に真の輝く自己があるはずだということになる。ブラフマンには部分がないゆえにブラフマンとアートマンは全く同一である。また、ウパニシャッドのヤージュニャヴァルキヤが説くように、一切がブラフマン・アートマンであるから、認識するもの、認識されるものという相対性がないから、ブラフマンもアートマンも認識不可能とされる。ブラフマンの一者性の境位は思考を超えている。一者性から動き出した境位においてはじめて超越面も現象面も顕われ思考の領域にはいるのだ。しかし、一体、ブラフマン、すなわち、すべての区別が無になり、部分ない一者というものとはなんであろうか。言語は、たとえば、平面の球のように、思考できないもの、無意味なものも表現できる。一者性の境位にあるブラフマンは、オーロビンドの説くところによると現象世界の顕現の後も一者性を失わないという。ブラフマンも言語の世界だけに可能な無意味な表現の一つにすぎないと考えられないだろうか。思考を超えているとされるのは実は言葉の上だけの虚構であるからではないか。思惟の領域にとどまる限りそのようにも考えることも可能なように思われる。しかし、ブラフマンの一元論には、それに対応する、ふつう「神秘体験」と呼ばれる変性意識の範囲に属すると思われる状態があって、その経験にもとづいて説かれているということを見のがしてはならない。ブラフマンの一元論には、自己意識も、自己に対峙する世界の意識も消えた意識状態の体験を伝えるマーヤー（幻影）的性格のものと、鉄格子も壁も一切がクリシュナであるというオーロビンドの監獄の体験のような実在論的なものとがある。両者ともその体験から醒めてはじめて、ブラフマンの一元の世界などと名づけ得るのである。しかし、一元論はたとえそれが不二論と言い換えられようが、思想上、言説を述べる立場としては成り立たない説である。インド最高の〝哲学者〟と言われるシャンカラの理論的破綻、オーロビンドが「理性的論理を超えた絶対者の論理」なるブラフマンの非論理性を持ち出すのがその証拠である。

マーヤー論、ならびに実在論を標榜するいずれの知も、自我意識に基づく主客の関係の中で働く知とは断絶している。このような聖者の体験にのみ基づく〝神秘的〟な知は、主観的、個人的な信念にのみにかかわるべきものであってしかるべきであると思われるのに、オーロビンドは科学のような客観的知との接合を試み、自己の体験、信念の客観性を主張するところに問題があるといわなくてはならない。

進化、超人の誕生

オーロビンドによれば現象世界は物質、生命、心の三つの階層に分かれている。これらはブラフマンが時空に顕現するために自己限定、自ら生み出したヴェールに身を隠した結果であり、本質はやはりサッチダーナンダである。しかしこの現象世界にはブラフマン本態に帰ろうとする上向きの力が働いており、それが実は物質から生命、生命から心を生む原動力になっている。後者の方がよりブラフマンの本態に近い。この自然界における動きを進化（エヴォリューション）とかれは呼び、科学が明らかにした生命の進化はこの一部分であるという。しかし実際は、ダーウィンが明らかにした進化説とは根本的に相容れない人間を目的とする直線的進化を説くものであるが、オーロビンドはダーウィンの進化説に無知であったのでこのように述べるのである。

心は人間の出現によって初めて地上に実現した第三番目の階層である。自然はブラフマンの本態に帰ろうとする有目的性をもつ。自然のこの活動をもかれはヨーガと呼ぶ。無意識的なヨーガであるという。心からさらなる上へのブラフマン本態へのプロセスは人間の手に委ねられているという。かれによればヨーガの行く手にあるのは真の人間である超人の誕生である。ヨーガの理想である地上に聖なる生活を実現するというのは超人の出現によって可能となるのである。

無知の状態に生きているのが人間の現状である。実は、これは進化の途中の不完全な状態にある。人間はいかに考え行動するかを知らず、激情と際限のない欲望に振りまわされて人生を無駄に過ごしている。人間の生は惨めさ、苦痛、不調和、軋轢《あつれき》、病気、死に満ちている。しかしながら人間はそのうちに次の段階に進化する能力を持っている。自然は不完全な結果のみで止まるものではない。人類は最終的な完成にまで進化しなくてはならない。それが自然の目的であるからいずれ実現する進化のゴールである。しかしながら自然の運行に任せていたらいつになるか分からない。それまで人間は中途半端な存在者であることから、さんざん人生苦を味わい愚かな行為を積み重ねるのである。人間は知、愛、美、調和、喜びを完全に我がものとし、苦痛、惨めさ、病気、死から解放された超人への進化を早めるためにヨーガを行なわなくてはならないという。ヨーガは超人への進化を劇的に早めるのである。オーロビンドによればヨーガはエゴの意識を超えること、欲望の征服、盲目的な激情からの解放をも意味するというが、これらはヨーガの到達点のみならず、そのプロセスにおいてそれなりに実現されてゆくヨーガの効果でもあるらしい。しかし、オーロビンドのヨーガを実践しているシュリ・オーロビンド・アシュラムという宗教団体からはいまのところ優れた芸術家が出た様子はないし、あちこちアシュラムを飾る絵画も上質とはお世辞にもいえないところからすると、すくなくとも美に関しては効果が現われていないといえよう。

宗教が、あの世や天国での、文字通り死なない、何時までも続く、永遠の至福に満ちた生を説くのは珍しいことではない。オーロビンドは、その天国的生が、地上に、ヨーガによってスピードを速められた人間のさらなる進化によって実現すると説くところが目新しい。人間がさらに進化するか、進化するにしてもいかように進化するかに関してオーロビンドのように断定的に説けるのは宗教的信念を持っている者のみであろう。人間の現状はかれのいう通り、悲惨であって、エゴの衝突ばかりであろう。しかし病気の解決が無病、苦痛の解決が苦痛の無、死の解決が死なないこと、とはあまりにも単純な解決策ではないかと思われるであろうが、かれの信念は、事実そうであるからその通りであると答えるであろう。宗教は時として理性の及ばない、気高いけれども空想的としかいいようがない領域で蓄えた蛮力をもって理性を放棄するように人々を強いることがあるが、オーロビンドの場合はいかがであろうか。

インドの宗教は伝統的にブラフマンへの合一をもって解脱とし、それを理想としてきたのであるが、ここに至って、人間の理想が解脱から超人への進化に取って代わられている。これはインドの宗教的伝統との接合という折衷的立場から踏み出て、その伝統からの離脱である。オーロビンドが生きた時代に西洋で流行した俗説的進化論のインド風変奏ともいうべき枠組みをかれの思想は持つといわなくてはならない。

ヨーガのプロセス

現在の人間から超人への変化は意識の変化が主導する。それゆえ、意識的努力、希望、真剣さ、没頭といった意識的態度が重んじられる。超人とは意識が超心の境位にまで進んだ人間のことである。超心に至るまでに、オーロビンドは高い心（Higher mind）、照らされた心（Illumined mind）、直観（Intuition）、広大な心（Overmind 宇宙意識）という意識の階層の介在を述べている。これらの階層は絶対者のシャクティの境位である超心と同じく、顕現している物質、生命、心からなる世界の上部に境位、すなわちエネルギーの位相として客観的に実在している。オーロビンドによれば、ヒンドゥー教では高い境位を神々として信仰の対象としてきたが、そのような境位はエネルギーとして地上に働きかけるから信仰が生まれるのである。人間の意識が神の境位にまで高まっていくのはそのような境位がいわばブラフマンの実在界の世界構造としてあるからである。突飛な考えと思われる向きもあるかもしれないが、悟りをはじめとして、宗教的により高い種々の境地が客観的に実在するという考えは、インドでは昔から伝統となっている。既にウパニシャッドには「ブラフマンの世界」が説かれているし、仏教でも、欲界、色界、無色界の三界はよく知られている。世界は、「聖者」と呼ばれる、何百万人に一人という、きわめて稀な体験をもつ人々の見たヴィジョンとおりにあると信じなくてはならないとする宗教的信念が今も健全なインドならではの発想であろう。「聖者」は無知から立ち上る現象の煙幕の向こうにある、俗人が決して見通すことができない真実在を見たり、俗人が見ることができず想像すらしえない世界の隠された広大な構造を見ることができるのである。その広大な部分にくらべたら俗人の知る世界は矮小な世界の破片、猥雑な底にすぎない。

オーロビンドによれば、人間の心が意識の階層を上昇するにつれて人間の存在全体に変容

（transformation）が起こる。単に意識のみが変化するのではなく肉体に至るまでのあらゆるものが変わるのである。これはこの意識の変化が進化の最後の過程であることから起こることである。物質から生命が進化したとき、生命体は今まで自然界に存在しなかった変化を物質の世界にもたらした。物質が変容したのである。生命の進化の過程を見ても、高等生物は原始的生物からその生命体がより精妙に変容している。心の出現においてもそのような変容が見られる。意識の変化、上昇は人間存在全体の変容をもたらす。その結果、超人が進化の総仕上げとして誕生するのである。しかし、かれのいう、物質からの進化にともなう「変容」はむしろたんに複雑化ともいうべき変化であろう。物質そのものの性質が変わったり、物質そのものが物質以外のものに進化したわけではない。世界を構成する基本的物質は生物出現のあともあいかわらずもとのままである。たしかに生命が出現してから、それまで自然界に存在していなかった複雑な分子式をもつ物質が存在するようになり、また、複雑な物質の反応のプロセスが発生したが、それを変容というならば、変容とは「複雑化」という意味にすぎないであろう。

超人がどのような肉体を持つかについてオーロビンドは、いまのところ想像できないという。超人は不死であり、苦しみなく、欲望、エゴを持たず、美、善などのあらゆる美徳を持ち、終わりのない喜びに満ちた生を暮らし、また超人にとって時間のかかる複雑な思考の代わりを務めるのは直観である。このような超人への変容をもたらすのは超心の段階である。これを超知性的変容という。変容にはそれまでに二度あり、サイキックな変容、スピリチュアルな変容とがある。これらのうち、最初の変容であるサイキックな変容はシュリ・オーロビンド・アシュラムでも、ある程度現実味があるようである。しかしそれは生物進化のレヴェルのような変容とはいいがたい。自己の内面にめざめ、自己の魂の要求に素直に従うようになる変化をいう。

絶対者の介入とインテグラル・ヨーガ

物質から生命、生命から心が顕われたのは、それらに、根源であるブラフマンのサッチダーナンダの性質がいわば隠されて内在しており、その性質が現実化しようとする力として作用しているからである。この世界は目的と意志を有している。しかし物質や原子的生命の場合はほとんど眠ったような状態で、機械的な動き無目的な活動としてしか一見みえないのである。物質にも一種の意識があると、オーロビンドはいう。その世界の目的と意志をもっともはっきりと意識できるのが人間である。人間が不死、解脱、永遠の生、神聖なものに対する憧れをもつのは全自然がその思いを人間に託しているからでもある。この内発的な作用はしかしながら十分ではないという。物質からブラフマンの本態に至る階層において、より上の階層は下の階層に対して働きかけを行なっており、その降下する力によって物質からブラフマンの本態への上昇が実現する。世界はこの内発的な上向きの力と上の階層からの下降する救済的力との交差する場である。

しかしながら絶対者ブラフマンはもっと直接的な介入を自然の進化に行なってきたのである。それによって、劇的な生命の進化が過去可能になり、未来もなるとオーロビンドは考える。それがヒンドゥー教に説く魚、亀、猪、人獅子などの十のアヴァターラ（降下したものという意味、すなわち化身）であるという。これらは水の生き物、陸に上がった生き物、それから人間に至る動物の進化過程に相当するという。現在の人間が超人にすみやかに進化するためには第十番目の新たなアヴァターラを必要とする。アヴァターラとは地上に降下するブラフマンのシャクティであり、かれはそれを超知性的力ないし真理・意識と呼んでいる。アヴァターラとはいわば地上に向かって開いた絶対者のシャクティ降下のための通路であり、その通路を通して絶対者の光、力が降り注ぎ、世界は大きな救済的な作用を受けて変容する。

オーロビンドとマザーはそのような通路になるべくヨーガのサーダナ（修行）を行ない実現したという。このインテグラル・ヨーガはこの両者のそのような力にあずかることを不可欠の要素とするヨーガである。このヨーガ必要なものとして挙げられるのは、聖なるものにたいする希望、ヨーガを始めるまでに持っていたもろもろの観念、意見、好み、習慣、理解の仕方の拒絶、聖なるもの、すなわち具体的にはオーロビンド、マザーへ自分の全存在を委ねることである。

シュリ・オーロビンド・アシュラムにおけるヨーガの修行は、アシュラムが行なっているさまざまな事業に携わること、すなわち一種のカルマ・ヨーガ（自己の社会的な務めを宗教的修行とみなし無私、無執着の精神で行うヨーガのこと）の実践、オーロビンドやマザーの写真の前で瞑想すること——これはダルシャンと同じことを行なっているのであろう——と、肉体を軽んじずそれに霊的な意識をみなぎらせるために行なう適度なスポーツのように見受けられる。したがってインテグラル・ヨーガは実践の方法としては目新しい要素は見られないが、しいていえば、スポーツを取り入れていることくらいであろう。

3　ヨーガの手引き

オーロビンドのヨーガ論の体系は、インテグラル・ヨーガのほとんどの実践者にとって、実際は、読み物であり、ヨーガの希望や心構えを与えるものとしての役割を果たしていると見受けられる。しかしかれやマザーは弟子たちに実際的な指導を熱心に行なっている。ヨーガの修行はサーダナと呼ばれるが、その初心者から身につけておかなくてはならない知識、心構えについて以下かれらの著述によって説明する。

人間存在の理解

ヨーガを実践しようとする者は人間存在とは何であるかということを出来るかぎり理解しておくことが大切である。インテグラル・ヨーガは人間存在とは何か、宇宙におけるその立場、死の意味に関する宗教的信念を備えている。オーロビンドによれば、ヨーガの目的は人間存在全体の意識化とその意識のより高い境位への変容である。自然の中で人間だけが自らの存在に気づいている。全自然の意志、動きの帰趨が自覚的存在者である人間である。その理解が単に知的理解にすぎないとしても、それはヨーガの深まりゆく体験の羅針盤となり、やがて知的理解の内容がまぎれもない体験的事実となって納得される。知的理解とは意識の一つの境位における働き方である。

人間存在は三つの入れ子からなる。心、生命（ヴァイタルな部分）、物質（フィジカルな部分）である。このうち心は知的な働きをなす部分で、思考や、知的な内外の知覚、意志や知的ヴィションなどをつかさどる。生命は心の要素と混ざり合っているが注意深く区別されなくてはならない。それは、欲望、感情、感覚、情熱の領域である。物質とは肉体である。この三つの入れ子は絶対者の宇宙としての顕現の三層、物質、生命、心に対応しているが、心の層の顕現は自然界においては人間のみである。人間以外の自然界は物質と生命のみの領域である。

この三つの入れ子はまた内的な微細な部分とその表現である外的な部分とに分かれている。そのすべてを背後から支えているのが魂（サイキック・ビーイング、ソウル）である。肉体、生命、心は魂の鞘（サンスクリット語のコーシャ）である。修行の大いなる最初の成果が、表面的自我（エゴ）をわれわれにとっての主人の座から放逐して、魂がわれわれの存在における一切の思考、意志、情動などの内的行為、さらに身体や言葉による外的行為の主宰者となることにある。この心の変容は、その人の知覚、人格、情動に様々な変化をもたらす。この魂の主宰化は、アシュラムにおいて、このヨーガを実修する者にとって決して不可能なことではないようである。

しかしかれによれば、人間存在の本質は魂に尽きるのではない。これら一切の上にたつのが、命我（セントラル・ビーイング、ジーヴァートマン）である。これは聖なる自我（セルフ）の部分であり、絶対者より発出した、いわばその火花である。人間存在の一切はこの命我の世界への顕現のためにある。このように、人間存在は絶対者の宇宙における顕現の一切の様相を持つ。それは小宇宙であるとともに、宇宙を超越する境位をも実現しうる。

ところで人間存在の絶対者の自己実現への可能性が無限であったとしても現実のわれわれは様々な制限のなかで一生を終える。もし人生が一度限りであるならば、絶対者の境位も空手形にすぎないであろう。もしそうであればたいていの者にとってヨーガ中途の挫折は避け得ないこととなる。しかし、オーロビンドによれば現世は果てしない輪廻のひとこまである。魂は無限の生死の中で成長の機会を得る。死は恐ろしい生の断絶、深淵としてわれわれに迫ってくるが、輪廻における死は、新しい生を迎え、経験するため不可欠の手続きである。われわれの魂はその断絶を超えて、果てしない輪廻の海を漂流している。

魂は新しい生を受けるたびごとに、その過去世のカルマと将来の必要に応じて、魂を包む三つの鞘である、心（知性）と生命、肉体の素材を自然界から調達する。新しい生の経験に必要な要素を集め、進化における成長の基礎とするのである。

死に際して魂は頭を通して微細な体となって肉体から出てゆく。それから、地上の生存の結果として待ち構える一定の経験を終えるまで、短期間、地上とは違った存在領域ですごす。肉体が分解するとまず、生命の部分（鞘）が、生命（ヴァイタル）界に行き、しばらくの間そこに留まる。実際、葬儀が行なわれるのはこの部分に対してである。葬儀は地上や生命の領域になおも魂を結びつける生命の波動を取り除き、すみやかに魂に平安をもたらすためである。この生命の領域を魂が通過する短い期間の最初の部分だけは危険で苦しみに満ちている。そのとき、死者に対する善意や、もしオカルト的知識があればオカルト的方法で魂を助けることができる。してはならないことは、地上を去ったかれらに対して悲しんだり、思慕をしたり、また、かれらを地上に引き寄せたり、安息の場所への旅を遅らせるようなことをして、かれらを引き止めることである。生命の鞘はやがて分解する。人間の構成要素のうち最後に分解するのは知性の鞘である。そののち魂は魂の世界に退いて新しい誕生が近づくまでそこで休息する。それは一種の眠りである。しかし発達した一部の人々はこのようなコースをとらないこともあるという。

スポーツ、食事、生きる心がまえ

ヨーガは日常生活全般の指針や、自分自身にどう向き合えばいいのかに関するヒントも与える。インテグラル・ヨーガは肉体、精神の完成を目指すところから、瞑想などの心理的実修のみならず、調和のとれた肉体的鍛錬も勧められる。一種に偏らないスポーツの実践である。シュリ・オーロビンド・アシュラムにはインドの古典的なヨガ行者の姿はない。サーダナを行なっている出家者がサッカーに興じている。肉体を苦しめる断食等の苦行は行なわれない。サーダナに断食は役立たないとオーロビンドはいう。アシュラムの食堂には「食べるために生きるのではなく、生きるために食べよ」と書いてある。心と体を清澄に導くような（サットヴィック）食事が勧められる。具体的には野菜中心の油っこくない食事である。

生きる心構えについては次のようにいわれる。

他人があなたをどう考えるかはどうでもよい。大切なことはあなた自身が何であるかである。

それには目を内に転じ、自分自身に向きあわなくてはならない。自分自身に向き合うことが、自身の内なる神性に対面しめざめることへ導く。その神性は世界の本質でもあり、世界を超えている。自己を理解しようとすれば自己を超えたもの、世界を理解しようとすれば世界を超えたものを理解しなくてはならない。神性が本当の自己そのものであることが、「私」とは何であるかという問いの答えとなる。オーロビンドはいう。

あなたは聖なるものに属すのであって、世界の一部分として世界に属すのではない。このことに気づくと、世界があなたを悩ますことはもはやない。

このことは世界から逃避したり、自分のおかれている状況に目をつむり空想の中に生きることではない。

聖なるものはこの世界の隠された本質であり、また人間によってこの世界に実現されなくてはならないものである。

人のおかれている状況は、いつも、その人の克服されなくてはならない隠された弱点をさらけ出すものである。人は空想をコントロールできない。空想が人を操る。

もし状況が、災難ともいうべき苦痛に満ちたものであったなら、人は娯楽と呼ぶものを求め、愚行を行ない、意識を高める代わりに下に落とす。もし苦痛の極みの出来事に遭遇したら、けっして、自分を麻痺させず、忘却や無意識を恃《たの》んではならない。その現実に立ち向かい、悲しみの真ん中へ飛び込むことである。そうすれば、やがて、苦痛が隠していた光、真実、喜びを見出すだろう。そのためには意識を低俗化させないという断固とした決意が必要である。

愛、束縛、奉仕

インテグラル・ヨーガの極み、本質は、聖なる愛、美、歓喜を世界にもたらすことであり、聖なるものへの接近は、常に、意識、平静さ、愛とともに成長するといわれる。聖なる、また成長する愛は、魂の目覚めがそれへの通路である。一方、人々が愛と呼ぶものは何であるか。オーロビンドやマザーによれば、それは欲望、生命的衝動、肉体的悦びの相互満足のための生命レベルの交換である。意識は宇宙の創造主であるが、愛は実に宇宙の救世主である。しかし人々が愛と名づけるものは、あらんかぎりの堕落をこうむり、ついに獣のレベルにまで落ちてしまった。愛は聖なるものに振り向けられることによってのみ、人を高めることができる。

男と女を束縛するものは何であろうか。オーロビンドは次のようにいう。

女性は自分で自由にならなければ、なにものも女性を自由にしない。女性を奴隷にしているものは、

一、男性とその力へ惹かれること

二、家庭生活とその安定への欲求

三、母たることへの執着心

これら三つの隷属から自由になれば、女性は真に男性と対等な存在となれる。

男性もまた三つの隷属をもつ。

一、所有欲、力と支配への執着心

二、女性と性的関係をもちたいという欲求

三、結婚生活の小さな安楽にたいする執着心

これらの三つの隷属から自由になれば、男性は真に女性と対等な存在となれる。

それでは、家族、社会、国家のために働くことは、如何であろうか。オーロビンドによれば、それはより大きなエゴであって、聖なるものではない。それらのために働いて、しかも、聖なるもののために働いているといえるのは、聖なるものがその目的のために動けと指示する、あるいは自身の内に聖なるものの力を意識する場合である。それ以外は、心の勝手な思い込みによって、国家などを聖なるものに同一視しているにすぎない。エゴはいかに肥大してもエゴにほかならない。

サーダナ

インテグラル・ヨーガは従来のヨーガとは違った目的を持つという。その目的は通常の無知な世界意識を聖なる意識に高めるのみならず、その聖なる意識の超知性的力を心、生命、肉体に引き降ろしそれらを変容させ、聖なるものをそこに顕現させ、物質において聖なる生活を創造するところにある。これは全人類的規模の目的であるが、まず少数の者がそれを実現しなくてはならない。それはだれかといえば、オーロビンドとマザーの弟子たちである。聖なる力を地上に降下させるにあたって、オーロビンドとマザーの果たす役割は不可欠である。この両者がその降下の通路を超人的サーダナによって開いたといわれる。

サーダナの目的は聖なるものに意識を開き、人間の本性をかえることである。このヨーガのサーダナには、一定の知的教えあるいは瞑想やマントラ等のあらかじめ決まっている形があるのではない。聖なるものへの希望、内また上への自己集中、聖なるものの影響、われわれの上の聖なる力、働き、心の中の聖なるものの現前、これらのものに疎遠なものの一切の拒絶によってサーダナは前進する。

瞑想、沈思はそのためのひとつの手段であるが、唯一のそれではない。誠信（バクティ）も別の、さらに活動もいまひとつの手段である。心を清めることはヨガ行者によって悟りへの最初の手段であると説かれており、かれらはそれにより聖者の聖性と賢者の平静さを得た。しかしオーロビンドによれば、われわれの本性の変容はそれ以上のものである。この変容は沈思のみによっては訪れない。活動が必要である。活動のヨーガ〔カルマ・ヨーガ〕が不可欠である。しかし、現実に、アシュラムの成員に課せられてているカルマ・ヨーガとは何かといえば、アシュラムが行なっている様々な工場、ガソリンスタンド、観光、農場、牧場等の事業に昼間、従事することである。カルマ・ヨーガはアシュラムを経済的に潤してもいる。

インテグラル・ヨーガは理論的には様々な道を説くが、実際は、オーロビンドとマザーへの絶対的帰依を唯一の道としている。両者のサーダナの成果に与らなくてはこのヨーガの成就は不可能とされるからである。それは具体的には、オーロビンドとマザーが現前するがごとく、両者、とくにマザーに対して、その写真の前で、一種の瞑想的なダルシャンを行ない、マントラとしてこの教祖たちの名を唱えるのである。ふつうマザーの名が力に満ちているが、ある意識の状態においては両者の名（The Mother and Sri Aurobindo）が特別の効果があるとされる。

オーロビンドはいう。

マザーと彼女を受け入れているすべての人々との間の絆はサイキックでスピリチュアルな母性である。それは子供に対する肉体的な母の絆よりはるかに大きい。それは人間の母性が与えるすべてをあたえるが、ずっと高い方法によってである。そしてそれは無限にそれ以上のものを湛えている。

もしサダック（サーダナを行なっている者）がマザーに不誠実になったらそれはかれがサーダナあるいはマザーを望まず、かれの欲望とエゴの満足を望んでいることである。それはヨーガではない。

マザーはオーロビンドのシャクティであり、インテグラル・ヨーガの実修者たちと絶対者との不可欠の媒介である。

4 むすび

オーロビンドの思想やヨーガは、日本では、紹介される機会があまりないが、紹介される場合は概して高い評価が与えられているようである。しかし筆者はあまり高く評価することはできないと考えている。西洋の当時の流行を取り入れることによって、インド思想の枠組を逸脱しながら、しかも、インド思想の普遍性とのかかわりにおける弱点を一身に具現しているように見えるからである。弱点とは思想、経験の客観的自己検証の機能の欠如である。自己を客観化、相対化出来ない者が持つことができる思想の姿は、宗教的であるなしにかかわらず、信念の体系のみである。ヨーガはインドにおいてそのようなもろもろの信念の伝統を形成するのに役立った。ヨーガはそれ以上でも以下でもない。もちろん、信念は人間の生きるうえでの不可欠の価値を持つものであるが、文化的伝統、時代によって多様な内容を持ち、自己の信念のみが真理であるとはどの文化、民族にも言う権利がない。インドに永遠の真理があれば、ニューギニヤのジャングルに住む種族にも、人類の永遠の知恵があるであろう。

インテグラル・ヨーガはヨーガの実践に関して、インドのヨーガの伝統に加えるべき新しい要素を創出しているとは思えない。当初から、オーロビンドとマザーへの帰依を不可欠の中心的修行とすることによって、選ばれた者たちだけのヨーガとなりかねない、閉鎖的な性格が強いものとして成り立っている。

参照文献

Sri Aurobindo Birth Centenary Library, Sri Aurobindo Ashram, 1971-1973.
Vol.20, 21. *The synthesis of Yoga* 1,2.
Vol.18, 19. *The Life Divine*.
Vol.22, 23, 24. *Letters on Yoga*.
Vol.26. *On Himself*.
Éducation, La Mère, Sri Aurobindo Ashram, 1981.
A Practical Guide of Integral Yoga, Sri Aurobind Ashram, 1955.
Nirodbaran, *Talks with Sri Aurobindo*, Vol.1., Sri Aurobindo Society, 1966.
辻直四郎訳『リグ・ヴェーダ讃歌』〈岩波文庫〉岩波書店、一九七〇年

参考文献

Heehs, Peter, *Sri Aurobindo: A Brief Biography*, Oxford University Press, 1989.
Rishabhchand, *Sri Aurobindo: His Life Unique*, Sri Aurobindo Ashram, 1981.
Srinivasa Iyengar, K. R., *Sri Aurobindo: A Biography and a History*, Sri Aurobindo International Centre of Education, Forth (Revised) edition 1985.
Vrekhem, Georges Van, *Beyondo Man: The Life and Work of Sri Aurobindo and the Mother*, HarperCollins Publishers, 1999.
立川武蔵訳『ヨーガ　1』〈エリアーデ著作集第9巻〉せりか書房、一九八七年
中村元『ヴェーダの思想』〈中村元選集（決定版）第八巻〉春秋社、一九八九年

第4章　比丘の修行と生活

――律蔵の規定を中心に――

龍口明生

1　はじめに

仏教聖典は、経蔵《きょうぞう》、律蔵《りつぞう》、論蔵《ろんぞう》の三種に分類し集められたことから、仏教聖典を総称して三蔵《さんぞう》といっている。このうち本論でとりあげる律蔵はいわゆる戒律に関することを集めた聖典で、これをより精確にいうと、律蔵は修行者（比丘《びく》）個々人の行為を規制する戒と、修行者の集いである教団（僧伽《さんが》）にかかわる規定である律とで構成されている。そして戒は個人の行為に関わるものであるが、それは同時に律に包含されるものである。

ところで比丘の修行の目的は悟《さと》りを目指すものである。ことわるまでもなく、その修行は出家者の日常生活を離れて在るものではなく、日々の生活がすなわち修行である。

仏教には数多くの修行道があるが、その代表的なものに三学《さんがく》がある。三学とは戒《かい》・定《じょう》・慧《え》の三つを指し、この順に修行を行なうことで悟りに達するとする修行道のことである。すなわち、戒にもとづく生活を送ることにより定《じょう》（心の安定）を得ることが可能となり、定によって悟りへの智慧が得られ、解脱《げだつ》へと至る。したがって戒にもとづいた日常生活を送ることが悟りへ向かう第一歩であり、日常生活を離れて修行を論ずることは無意味となる。

2　戒制定の背景と目的

背　景

現存する律典《りってん》は、漢訳《かんやく》、パーリ律、チベット訳などがあるが、これらの比較研究により、戒の条文の数は戒本《かいほん》によって異なり、一定していないことがわかる。比丘《びく》（男性の出家者）の場合についてみると、『四分律《しぶんりつ》』では二五〇戒、『パーリ律』では二二七戒あり、また比丘尼《びくに》（女性の出家者）の場合についてみると、『四分律』では三四八戒、『パーリ律』では三一一戒となっている。

戒が制定されるには、それぞれ何らかの事件が起こり、それらの問題を解決するために、そのつど新たに戒が順次定められた。これを随犯随制《ずいぼんずいせい》という。その事情を語る部分が因縁譚《いんねんたん》（nidāna）と呼ばれている。二五〇戒を罪過《ざいか》の軽重に応じて分類すると五種或は七種に大別される。次に六種の罪過の中から各々一つの戒を取り上げ、その因縁譚を『四分律』の記述するところに従って見てみたい。

①　波羅夷法《はらい》第二戒は偸盗《ちゅうとう》を禁ずる規定である。この因縁譚は、閑静処（阿蘭若《あらんにゃ》）に住していた檀尼迦《だんにか》という陶工の子である比丘に関するものである。かれの住居は草で作ったものであり、乞食《こつじき》に出掛けている間に村人たちによって薪《たきぎ》として取り壊され持ち去られてしまった。そこで檀尼迦比丘は新たに住居を作るために、王の所有する材木置き場に行き、管理人に「王は私に材木を与えた」といって持ち去って行く。この行為は盗みに相当するものとして、王より叱責《しっせき》され、また諸大臣、さらには噂を聞いた在家の人々からも非難される。そして仲間の比丘たちからも非難を受け、最後に仏陀より厳しくとがめられた。このことが原因となり、盗みを禁ずる不盗戒《ふとうかい》が制定されるに至る。

なおここで注意すべきは非難される対象は、檀尼迦比丘個人の行為そのものであるはずであるが、それにもかかわらず周辺の在家の人々からは、「沙門釈氏《しゃもんしゃくし》」（釈迦の弟子たち）は慚愧《ざんぎ》を知らぬ者、として非難されている点である。

②　僧残法《そうざん》第五戒は比丘が仲人《なこうど》となることを禁ずる規定である。この因縁譚は迦羅《から》比丘に因むものである。かれは出家する以前は大臣であり、世俗の法に長けていた。出家後も在家の人々の相談にのり仲人として応対していた。かれが仲介した男女が結婚後仲良くいけば人々はかれを讃え、その逆の場合は迦羅比丘の所為にして非難した。比丘たちもこのことを聞き、かれを厳しくとがめ、さらに仏陀によっても厳しくとがめられた。このことが縁となり、比丘が仲人となることを禁ずる戒が制定される。

③　捨堕《しゃだ》法第一戒は所有する衣は三枚に限定するという規定である。三枚以上の衣を長衣と呼び、長衣を蓄

えることは禁止される。これの因縁譚は六群比丘《ろくぐんびく》（六人の悪行比丘のこと）が多くの衣を蓄えていたことに因むものである。かれらの行為は他の諸比丘より厳しく非難される。このことが仏陀に報告され、仏陀により長衣の所有を禁止される。ここでは他の比丘たちからも、また仏陀からも非難を受けている。

④　単堕《たんだ》法第一戒は故意に妄語《もうご》することを禁ずる規定である。この因縁譚は象力という名の比丘に因むものである。象力比丘は常に仏教徒以外の修行者たちと論議し、もし答えに窮《きゅう》すれば、前言に矛盾することであっても平気で語っていた。このことに対して他の修行者たちはかれを非難し、そのことを聞いた比丘たちも非難し仏陀に伝達する。仏陀もそのような言動はなすべきことではないと厳しくとがめ、故意の妄語を禁止する戒が制定される。

⑤　提舎尼《だいしゃに》法第二は、在家者の家で比丘尼の指示に従って在家者が与えた食を比丘が受けることを禁ずる規定である。この因縁譚は、六群比丘尼が在家者の家で食を出された際に六群比丘の為に「かれにこの食べ物を与え、かれにはあの食べ物を供せよ」といって指示しているのをかれらは黙認し、供せられた食べ物を食したのである。本来ならば六群比丘は六群比丘尼のそのような行為を制止すべきであったのである。このことは他の比丘たちから非難され、仏陀よりも随従《ずいじゅう》すべきやり方ではないとして非難され、この戒が制定されることとなった。

⑥　衆学《しゅがく》法第七は、衣で頭を覆って在家者の家に入って行くことを戒める規定である。この因縁譚は、六群

比丘が衣を頭巾《ずきん》の如く頭に覆い信者の家に入って行くのを見た在家の人々はかれらを非難する。「かれらは、自分たちは修行者であり、釈尊《しゃくそん》の弟子であるといっているが、実に慚愧を知らぬ者たちである」と非難し嫌った。それを聞いた比丘たちもかれら六群比丘を誹謗し、釈尊にこのことを報告する。これを因縁として釈尊により「比丘が在家者の家に衣でもって頭を覆って入るべきではない」という規定が制定されるに至った。

以上、六種の罪過《ざいか》の中から任意に各々一つを選び、罪過成立の因縁譚を簡略に紹介した。これらにより戒が制定される因縁は、

①修行者の行為に対する周囲の人々からの非難に起因する。その非難を他の比丘たちも同様に非とし、釈尊に伝える。釈尊はその行為が再び繰り返されるべきではないとの立場から戒が制定される。
②異教徒からの非難を受け、比丘からも反対され、釈尊に伝え、戒が制定される。
③他の比丘から非難され、釈尊に報告し、戒が制定される。

以上の三つの型に分けることが出来るであろう。

比丘たちの日常的行為は周囲の人々の抱く所謂《いわゆる》出家者像に合致することが必要である。さもなければかれら出家者は在家者の支持を得ることが困難となり、ひいては出家生活、修行生活さえも不可能となるであろう。また他の異教徒（出家者であれ、在家者であれ）から非難を受けるということは、たとえ枝葉末節な事柄であろうとも、出家者間に摩擦を生じ、修行生活を持続させることが困難になるであろう。

そしてまた他の比丘たちから非難を受ける行為を繰り返すならば、そのことはかれらとの共同生活に破綻をもたらす原因となるであろう。僧伽《さんが》内で共同生活を送るためには、大多数の比丘より同意を得られる行動

すれば無批判に周囲に同調すべきでないことをも説いている。

を取ることが必要である。

上記の如く、戒が制定されるに至る理由は比丘の行為が周囲の人々から好意的に受容されるものでなくてはならぬことがわかる。しかしながら時には、釈尊によって周囲の非難に抗した行為を取るべきことが説かれている場面もある。悟りへ向かう行ないであるならば、誹謗《ひぼう》は覚悟で実践すべきことを示している。換言《かんげん》すれば無批判に周囲に同調すべきでないことをも説いている。

目的

戒を制定する目的として律蔵中には十箇条を挙げている。「十句義《じっくぎ》」「十利《じゅうり》」等といわれるものである。

『四分律』によって示すと、

一、僧伽の統制の為に
二、僧伽の構成員を歓ばしめる為に
三、僧伽の構成員を安楽ならしめる為に
四、非仏教徒に仏教を信ぜしめる為に
五、すでに仏教徒である者に信を深めさせる為に
六、比丘として相応しく無い者を真の比丘に教育する為に
七、出家者に反する行為をして慚愧している者に反省の機会を与え、心を平安にさせる為に
八、今持っている悩み苦しみを解決する為に
九、未来に起こるであろう悩み苦しみの根源を断つ為に

十、仏陀の教えが滅することなく末永く正しく伝えられるように

以上の十の目的のために戒は定められている。戒を守ることは修行者個人が悟るための出発点であると同時に教団を維持する上で必要なことであり、さらには仏法を未来へ伝える機能をも担っているのである。

3　教団を代表する比丘

上に述べた如く戒が制定されるのは、不法なる行為の発生を予想し、それを防ぐ目的で予《あらかじ》め禁止事項を定めておくのではなく、比丘が実際に容認し難《がた》い行為をとったときに、初めて制定される。すなわち随犯随《ずいぼんずい》制《せい》にもとづくのである。要約していえば、ある比丘が不都合な行為をなしたとき、周囲の一般の人々がかれを非難し、あるいは周囲の比丘たちがかれを非難する。次いで、周囲の比丘たちの中からある比丘が釈尊に一比丘の行為が非難を受けたことを報告に行く。釈尊は好ましくない行為を犯した比丘本人に事の真偽を問い質《ただ》す。そしてその種の行為が再びなされることのないように新たに戒が制定されるのである。

ここで釈尊に報告に行く比丘は、行ないの点で僧伽にとって好ましい、代表的な比丘である場合が多い。しかしながらこのことはすべての律蔵において必ずしも一致している訳ではない。次に二、三の例を律蔵から示したい。

『四分律《しぶんりつ》』では、欲望が少なく足ることを知っていて、頭陀行《ずだぎょう》を実践しており、慚愧《ざんぎ》を知り、戒を学びたもつことをねがっている比丘が事件を起こした比丘を厳しくとがめている場合が圧倒的に多い。(1)

『五分律《ごぶんりつ》』では、「諸長老の比丘」が厳しくとがめている場合がもっとも多く、その他「長老の比丘」「諸

比丘」、「一比丘」、「舎利弗《しゃりほつ》」、「六群比丘」が厳しくとがめている場合もある。『十誦律《じゅうじゅりつ》』では、欲望が少なく足ることを知っており頭陀行を実践している比丘(2)が厳しくとがめている場合がもっとも多く、その他「諸比丘」等が厳しくとがめている場合もある。『パーリ律』では、「諸比丘のうち少欲なる者たち（bhikkhū appicchā）」が非難・批判している場合、「長老阿難」が非難・批判している場合、「少欲知足にして恥を知り、懺悔《さんげ》心あり、戒を学修するもの(3)」が非難・批判している場合、「諸比丘」が非難・批判している場合等がある。『摩訶僧祇律《まかそうぎりつ》』においては、特別な比丘ではなく、「諸比丘」が厳しくとがめている。

これらのことから、生活の面であるいはまた修行の面で、それぞれ特色を持った比丘たちがいたことが知られる。すなわち、衣・食・住にわたり戒律に則した生活を送っている少欲知足の比丘、厳格に頭陀行を実践している比丘、戒を尊《たっと》びたもっている比丘、慚愧の心ある比丘、といった類いの出家者の存在がうかがえる。かれらは他の比丘たちの手本となる存在であったと思われる。

4　比丘の衣食住

少欲知足こそが比丘たちにもとめられる生活である。『五分律』「受戒法《じゅかいほう》」には、受戒を希望する者には先ず四依《しえ》を説くべきである。四依とは、衣については糞掃衣《ふんぞうえ》を着用すべきであり、食については乞食《こつじき》に依《よ》り、住居については樹下坐《じゅげざ》に依るべきことを説く。さらに薬を必要とする場合には殘棄薬《ざんきやく》に依るべきであると説くのである(4)。

出家受戒を希望する者が比丘になって以降生涯、四依にもとづく少欲の生活を送る決意があるならば、戒が授けられるが、そうでなければ授戒は許されないというものである。しかしながら受戒に先立って、この四依に基づく生活が出家の条件であることを聞かされ決意を迫られることにより、出家受戒を躊躇《ちゅうちょ》し、辞退する者も出る始末であった。そこで規則を見直し、戒を授けた後に四依を説くように改められた次第が語られている。

このことは仏教教団の初期の状況を語るものであり、少欲の生活はすなわち衣・食・住に対する執着を断つことであり、比丘達の日常生活は修行に他ならないのである。

次に比丘戒本に定める戒条にもとづき衣食住の規定の一部を見てみたい。

衣

三《さん》衣《ね》一鉢《いっぱつ》という言葉からも分かるように、比丘たちの所持することが許される衣の枚数は三枚である。三枚以上の衣は長衣と呼ばれるが、長衣は十日間を超えて所有することは禁ぜられている。

『四分律』には衣の素材について「劫貝衣《こうばいえ》。欽婆羅衣《きんばらえ》。芻摩衣《すうまえ》。憍奢耶衣《きょうしゃやえ》。舎那衣《しゃなえ》。麻衣《まえ》。軀牟提衣《くむだえ》。」と数種類挙げ、三衣の名称について「僧伽梨《そうぎゃり》。鬱多羅僧《うったらそう》。安陀会《あんだえ》。」（T22, 295a）と挙げている。

僧伽梨とは大衣《だいえ》、重衣などと漢訳されるが、三衣の中、一番上に着用するものである。鬱多羅僧とは上《じょう》衣《え》、上著衣などと漢訳される。安陀会とは内衣、下衣と漢訳されるものである。

『四分僧戒本《しぶんそうかいほん》』には、衣に関する戒の条項に「齊整著内衣應當学」とある。ここには内衣はきちんと正しく身に着用すべきであり、また同じく「齊整著三衣應當学」とあり、三衣はきちんと整えて着用すべきであるとする。

食

食事に関しては基本的には乞食《こつじき》（托鉢《たくはつ》）による。そして布施された食物は正午までに食べおえ、正午以後は水分以外は摂取することは禁ぜられている。

ここでは比丘が食物の布施を受け、それを食する作法、さらに食後の洗鉢等に関する規定について『四分僧戒本』には、

一、食の布施に際しては、注意深く受けるべきこと
一、食を受けるに際しては、鉢を水平に保つべきこと
一、副食物を受けるに際しては、鉢を水平に保つべきこと
一、副食物と飯と交互に食すべきこと
一、食事をするには適切な早さで進めるべきこと
一、鉢の中央の食物ばかりを食べるべきではないこと
一、病気でないのに自分のために副食物や飯を注文すべきではないこと
一、飯を以て副食物を覆い隠し、さらに副食物を求めてはならないこと
一、他の比丘の鉢の中の食べ物と自分の分とを見比べてはならないこと
一、思いを鉢に集注して食事をすべきこと
一、飯を大きく握って食すべきではないこと

一、先に口を大きく開けておいて飯を食べてはならないこと
一、食べ物を噛みながらしゃべってはならないこと
一、飯を握り、口に放り込んではならないこと
一、下に落とした飯を食べてはならないこと
一、飯を頬張って食べてはならないこと
一、食べ物を噛む時に、故意に音を立ててはならないこと
一、飯を吸って食べてはならないこと
一、手に付いた飯を舌でもって舐めてはならないこと
一、手に付いた飯を振り落としてはならないこと
一、散っている飯を握ってはいけないこと
一、汚れた手で食器を持ってはならないこと
一、鉢を洗いその水を在家の家の中に捨ててはならないこと

とある。

以上の如く、食事をするに際しては、細心の注意を払わなければならない。このことは些細なことのように思われよう。事実些細な事項ばかりであるが、実は自己の行為の端々に意を注ぐことは定(心の安定)に入る前段階として重要なことである。

住

釈尊《しゃくそん》が菩提樹下で悟ったのち、やがて釈尊の教えに帰依《きえ》する出家修行者が集い、教団が成立する。出家とは文字通り家を出ることであり、世俗生活を捨てて遊行を中心とした宗教的生活に努めることである。そして居住の場は、釈尊は無論のこと、かれら出家修行者にとってもアランニャ（araṇya 阿蘭若《あらんにゃ》）であった。アランニャは森林・原野の意味であり、静かな場所であったが、同時に危険な環境でもあった。釈尊を初めとする修行者達の初期の生活、特に住居について仏典には、阿蘭若の他に林（vana）・叢《くさむら》（kānana）・樹下（rukkhamūla）・山（pabbata・giri）や自然の洞窟（guhā・leṇa）等々が言及されている。出家修行者たちが本格的に寺院・精舎《しょうじゃ》（vihāra）といった建物に居住し始めるのは、仏教教団に祇園精舎《ぎおんしょうじゃ》が布施されて以降のことであり、それまでは一か所に定住することのない遍歴遊行の生活であった。夜は雨露をしのぐために自然の岩蔭《いわかげ》や簡素な草屋等に休むのであった。このような場所で修行する初期の弟子たちを頭陀《ずだ》行者《ぎょうしゃ》と呼んでいる場合がある。

アランニャ（araṇya）とは古代インドの言語、サンスクリット語であり、漢訳仏典においては次のように訳されている。

音訳語：阿蘭若、蘭若、阿練若、阿練、阿練兒

漢訳語：遠離、山林、林野、山澤、空野、閑寂、空林中無人之処

類義語vana：森、叢、林、叢林、園林、林藪

漢訳語から推測すると、アランニャは人家から遠く離れた場所であり、草木の生じている山林、林野のことである。山澤という訳語からは場所によっては沼地あるいは小川の存在も想像される。そして空林中無人之処ならば人の往来の極めて稀なる所ともいえよう。

■araṇyaの位置

では、アランニャとは実際のところ、集落からどのくらい離れたところに位置していたのであろうか。現存するいくつかの仏典にあたって、そのことを検討してみたい。

まず、『十誦律』は、聚落《じゅらく》（集落のこと）から森や林に向かって五百弓《きゅう》（以上）離れた所からがアランニャであると定義する。五百弓とは長さの単位で一弓の五百倍の距離を意味する。そして摩伽陀《まがだ》国では一拘《く》盧舎《ろしゃ》、北方の國では半拘盧舎の距離以上離れた所がアランニャに属すると説く。[5]

また『一切経音義《いっさいきょうおんぎ》』巻第五十には、阿練若《あれんにゃ》（アランニャ）の語を解説して、聚落を去ること一倶盧舎《くろしゃ》（krośa・kosa）の距離以上であり、[6]一倶盧舎の距離とは大牛の鳴き声の届く範囲で、その距離は五里である。[7]あるいはまた太鼓の音の聞こえる範囲を超える辺りまでの距離を一倶盧舎と説く。

さらにまた『釋氏要覧』[8]にも詳しい解説がなされている。

『大智度論《だいちどろん》』には、阿蘭若とは村から遠く離れた場所で、村から最も近い所でも二里は離れている所とする。遠く離れていればいる程、瞑想するには好適の場所である。村から一拘盧舎（中国では鼓の音の達する距離）ほど去った所である。

また律典では次のように述べている。村から去ること五百弓《きゅう》ほどの距離（以上）である。なお、一弓は一尋《ひろ》に相当する。インドの長さの単位で言えば、およそ四肘が一弓となる。一肘の長さは一尺八寸である。よって一弓の長さは七尺二寸。五百弓の距離が一拘盧舎である。7.2（尺）×500＝3600（尺）。三千六百尺は六百歩であるから二里となる。以上によってインドの一拘盧舎は中国では二里に等しい。

長さの単位である尺・歩・里等は時代によって異なり、また仏教文献中に言及するアランニャの定義も必ずしも一定してはいないので、正確には分からないけれども一拘盧舎、中国での二里は八百〜九百メートルであろうか。集落、人家から隔たること八百〜九百メートルからがアランニャとなる。

■araṇyaの環境

アランニャは如何なる環境であったであろうか。仏教教団の規則を定めている戒律文献の一つに『四分律』があるが、その中に次のような話がある。

羅閲城《らえつじょう》という都市に名前が檀尼迦《だんにか》という比丘がいた。かれは閑静処（アランニャ）の中の一草屋に住していた。その比丘が乞食の為に村へ出かけて行った。かれが不在中に村人が薪を採りにアランニャにやって来てかれの草屋を破り薪として持ち帰った。檀尼迦比丘が乞食から帰ると自分の草屋が破壊され燃料として持ち去られていた。そこでかれは次のように考えた。「我はひとりで閑静処に住み、自ら草木を取って草屋を造って使用してきたが、乞食に出かけた間に破壊され、薪・柴として持って行かれた。自分は（もともと陶師の息子だったので）煉瓦や瓦を焼くには腕に自身がある。泥を捏《こ》ねて瓦を焼き、小屋全体が瓦造りものにしよう」と。そこでかれは泥を捏ね、それを小屋の形に成し、その上に柴・薪及び牛糞で覆い火を燃やし焼成して小舎と成した。この瓦屋の色は赤く火の如くであった。

しかしながら檀尼迦比丘の造ったこの赤色の瓦屋は、釈尊により出家者の住居として相応しくないとして禁ぜられ、釈尊の命により他の比丘達によってこわされた。（『四分律』巻第一（初分之一）T22, 572b）

この話より、アランニャには出家修行者の草屋があり、村人たちが燃料として薪や柴を取りに来ることもある。また牛屎を拾い集めることが出来ることから推察するに放牧されている牛が草木を食べにやって来る場所でもあったといえよう。

『根本薩婆多部律摂《こんぽんさつばたぶりつしょう》』巻第七に、「在阿蘭若処過六夜離衣学処」第二十七がある。比丘は三衣を常に所持していなければならないのが規則である。しかしある状況下では阿蘭若に住する比丘には、三衣の中の一衣を六日間（六夜）に限り村落の中の家屋に預け置くことが許され、この間は衣と離れて居ても規則違反とはならない。ある状況とは驚・怖・畏・及び難《なん》がある場合を指す。

同じアランニャに盗賊が滞在していて襲って来んとしている、賊に殺傷される怖れや、獅子、虎、狼等に襲われる怖れ、あるいは蚊、虻、蛇や蠍《さそり》の害、さらには寒さ、熱さによる厳しい気候等の悪状況に見舞われる可能性がアランニャには存在している。(9)

5　比丘の修行

次に比丘の修行においてもっとも重要な行為である十二因縁観《じゅうにいんねんかん》、頭陀行《ずだぎょう》など二、三の修行に絞って述べてみたい。冒頭に戒・定・慧の三学についてふれたが、出家仏教徒の修行は広い意味で定に含まれるものである。

十二因縁観

釈尊《しゃくそん》の成道は菩提樹下であったが、これはアランニャにおける修行にほかならない。『五分律』には釈尊の成道について『瑞応本起《ずいおうほんぎ》（経）』[10]を引き以下のように述べている。

釈尊は十二因縁《じゅうにいんねん》を順観《じゅんかん》し逆観《ぎゃくかん》したとある。因縁《いんねん》は仏教思想の核心を示すことばで、「すべては因と縁によって生じる」と仏教では考え、十二因縁とはわれわれ人間の苦悩の根元を追究し、その根元を断つことによって苦悩を消滅するための条件を十二に系列化したものである。すなわち、無明《むみょう》（無知）に縁《よ》って行《ぎょう》（潜在的形成力）があり、行に縁って識《しき》（識別作用）があり、識に縁って、名色《みょうしき》（名称と形態）があり、名色に縁って六処《ろくしょ》（眼・耳・鼻・舌・身・意の六感官）があり、六処に縁って触《そく》（接触）があり、触に縁って受《じゅ》（感受作用）があり、受に縁って愛《あい》（渇愛《かつあい》）があり、愛に縁って取《しゅ》（執着）があり、取に縁って有《う》（生存）があり、有に縁って生《しょう》（うまれること）があり、生に縁って老死憂悲苦悩あり、と無明という苦の根本原因から老死という結果へむかう因果関係を観察していくことを順観という。

そしてこの逆に無明が滅すれば行が滅し、行が滅すれば識が滅し、（中略）生が滅すれば老死憂悲苦悩みな滅する、と観察することを逆観といい、苦の根本原因が滅すれば老死という結果も滅し苦悩が解消される。

このような因から果へ向かう観察は『中阿含経《ちゅうあごんきょう》』「習相應品慚愧経」にも見られる。ここでは無慚無愧《むざんむぎ》を根本原因として最終的には涅槃《ねはん》を害《そこ》なうという結果に至ることが示され、逆に慚愧あることを原因として結果として解脱《げだつ》し涅槃に至ることを説いている。

このことを分かり易く示すために樹木の譬喩《ひゆ》が用いられている。すなわち、もし外皮を害なえば内皮が成長せず、内皮を害なえば、茎、幹、芯、節、枝、葉、華が咲かず実もみのらない。これとは逆に、もし外皮

を害なわれなければ内皮はよく成長し、内皮が成長すれば、茎、幹、芯、節、枝、葉、華が咲いて、実がみのる。(11)

この譬喩から分かるように、アランニャで修行している者に説き示した例といえよう。

いまひとつ同様の譬喩として『雑阿含経《ぞうあごんきょう》』巻第十八には樹根の成長でもって悟りへの過程を説く経がある。枝葉が繁ることを最初の原因として、華が咲き、ついには果がみのることを譬えとしている。(12)

頭陀行

仏弟子の中で頭陀行《ずだぎょう》第一と称せられている大迦葉《だいかしょう》には次のような逸話が残っている。寺院・精舎《しょうじゃ》(vihāra)が布施されて、他の比丘たちがそこで生活するようになっても、大迦葉は日常的に糞掃衣《ふんぞうえ》を着用し、食べ物は街のあちこちで捨てられているものを拾って食べていた(13)という。

頭陀行者とは、厳しい環境の中で修行に励む者であるが、実践すべき事柄は一様ではなく仏典により十二種(十二頭陀行)あるいは十三種(十三頭陀行)が挙げられている。

十二頭陀行とは『毘尼母経《びにもきょう》』によれば、①常に空閑静処(アランニャ)に住し、②食事は乞食により、③着用する衣は糞掃衣であり、④心に瞋《いか》りのおもいがあるときには心を落ち着けた後に食事をとり、⑤食事は一坐食であり、⑥食事は一日一度であり、⑦常に墓地に居住し、⑧露地に坐し、⑨樹下に坐し、⑩坐して横に臥すことがなく、⑪特別な敷具は所有せず、⑫所有する衣は三枚のみである。(14)

このように頭陀行者の生活は、仏教の出家修行者本来の生活様態を示すものである。やがて出家修行者たちは、精舎などに居住するようになるが、定住化して後もなお、頭陀行者は尊敬される存在であった。

阿那波那三昧

阿那波那《あなはな》（ānāpāna）とは、呼吸の出息《しゅっそく》・入息《にゅうそく》を数えることによって心を安定させる観法《かんぼう》であり、阿那波那三昧に入れば心は静かになり安楽となる。

『四分律』には、阿那波那三昧に入ることにより心は寂然《じゃくねん》快楽となる。たとえ不善《ふぜん》なる想《おも》いが生じてもこの三昧《さんまい》に入ることにより、その想いを滅することができる。たとえば、雨の降った後は大気中の塵が除かれ爽やかになるが如くであると説明されている。(15) この観法を修することにより遂には悟りを得るに至る。

6 むすび

律蔵《りつぞう》には種々なる出家者の修行法について言及しているが、ここでは五停心観の中の二、三についてふれたのみである。出家者の日常生活は行《ぎょう》と一体のものであり、生活を離れて独立に行があるものではない。戒は出家者の衣食住全般にわたるものであり、身業《しんごう》（身体的行為）・口業《くごう》（言語表現）を調えるものであり、そのことが意（こころ）を調えることへとつながっていく。食事の作法をはじめとして行《ぎょう》・住《じゅう》・坐《ざ》・臥《が》においても自己の行為に意《い》（こころ）を注ぎ、意識して行なうことが行の出発点であり、ひいては定《じょう》（心の安定）に入り悟りへ向かうこととなるのである。

（1） T22, 573a

(2) T23, 18b
(3) bhikkhū appicchā santuṭṭhā lajjino kukkuccakā sikkhākāmā
(4) 『五分律』T22, 112c
(5) 『十誦律巻』第八「明三十尼薩耆法」、T23, 57b
(6) 『一切經音義』巻第五十、T54, 641a
(7) 『一切經音義』巻第五十、T54, 641a
(8) 『釋氏要覧』、T54, 263ab「蘭若」について説明されている。
(9) 『根本薩婆多部律摂』巻第七、T24, 564a
(10) T22, 102c
(11) T1, 486a-b
(12) T2, 129a
(13) 『五分律』T22, 53a
(14) T24, 804c
(15) T22, 576b

参考文献

佐藤密雄『原始仏教教団の研究』山喜房仏書林、一九六三年
平川彰『律蔵の研究』山喜房仏書林、一九六〇年

第5章　『バガヴァッド・ギーター』の実践

西尾秀生

1　はじめに

ヒンドゥー教には多くの聖典があるが、最高の聖典といわれているのは『バガヴァッド・ギーター』である。インド独立の父といわれるマハトマ・ガンディーがこの聖典を行動の指針にした話はよく知られている。インドで聖書に相当する聖典を一冊挙げるとすれば、『バガヴァッド・ギーター』しかないであろう。それゆえヒンドゥー教の実践を考える上で『バガヴァッド・ギーター』は不可欠である。

「バガヴァット」とは「神」を意味し、「ギーター」とは「歌」を意味するので、「バガヴァッド・ギーター」とは「神の歌」を意味する。つまり『バガヴァッド・ギーター』は神が説いた聖典とされているのである。『ギーター』は叙事詩『マハーバーラタ』の第六巻『ビーシュマ・パルヴァン』の二三－四〇章にわたる全一八章七百頌からなる宗教詩である。この宗教詩がなぜ叙事詩に入ったかは不明であるが、おそらく紀元前二世紀頃に原形が成立し、紀元後に現在の形にまとめられてから『マハーバーラタ』の大戦争の直前の場面に編入されたのであろう。「マハー」とは「偉大な」を意味し、「バーラタ」とは「バラタ族」を意味するので、「マハーバーラタ」とは「偉大なバラタ族の物語」を意味する。この叙事詩はヴィヤーサ作と伝えられているが、膨大な量の叙事詩であるので、一人の作者により作られたというのは考えられないことであり、おそらく多くの人々がかかわったと思われる。この叙事詩の比較的古い本来の筋は、バラタ族のパーンダヴァ側とカウラヴァ側との王位継承争いに端を発した、インドを二分する大戦争の物語である。

『バガヴァッド・ギーター』は神の化身クリシュナがパーンダヴァ側の王子アルジュナに対話形式で教えを説いている。アルジュナは戦闘が始まる直前に敵の陣営を見回して、自分の従兄弟や師匠や友人達が敵側にいるのを知って、一族が殺し合う戦争に疑問を抱き、戦意を失う。その時に御者のクリシュナはアルジュナにこの戦争がパーンダヴァにとって正義の戦いであり、このような戦いを放棄すれば、名誉を捨てて罪を得ることになるので、戦うことがクシャトリヤの義務であると説いている。これに続き、クリシュナはいろいろなヨーガやサーンキヤ思想や離欲などを説く。またヴィシュヌ神が悪を滅ぼすためにこの世に降誕するという化身の思想も『ギーター』で初めて登場する。

『ギーター』でクリシュナが説くヨーガは主にカルマ・ヨーガ、ジュニヤーナ・ヨーガ、バクティ・ヨーガの三種であると解釈できるので、この章では『バガヴァッド・ギーター』(上村訳)の本文を引用しながら、それぞれのヨーガの実践を明らかにしよう。

2　カルマ・ヨーガ

ヨーガ

『バガヴァッド・ギーター』にはヨーガ（yoga 語根 yuj は「結合する」、「縛る」などの意味）及びそれに関連した語が多く使われている。たとえばヨーガ行者（yogin）、心統一した者（yukta）などの語である。また『バガヴァッド・ギーター』はテキストの各章末では「ヨーガの教典（yoga-śāstra）」と呼ばれている。このことからも『バガヴァッド・ギーター』はヨーガの聖典でもあると考えられる。ヨーガの起源はアーリヤ人の最古の聖典であるヴェーダの本集には求められない。インダス文明で発掘された遺物の中に、ヨーガ行者の坐像と思われるものが数点あるので、ヨーガの起源はこの文明にまで遡るともいわれるが、インダス文字がいまだに解読されていないので、詳しいことは分かっていない。『カタ・ウパニシャッド』にヨーガの説明や定義などが出てくるので、この頃に先住民の修行方法であったヨーガは正統派に入ったのであろう。『バガヴァッド・ギーター』はヨーガの根本経典である『ヨーガ・スートラ』（『ヨーガ経』）よりも古いヨーガを伝えている。『ギーター』のヨーガの語が『ヨーガ・スートラ』よりも広い意味で使われている。「統一」、「心統一」、「瞑想」、「坐法」などだけでなく、修行全般をも意味すると解釈できる。したがって『ギーター』のヨーガとは解脱（モークシャ）への道を指す。

瞑想の実践

『ギーター』ではヨーガ行者がどのような修行と生活をすべきかを明らかにしている。

ヨーギンは一人で隠棲し、心身を制御し、願望なく、所有なく、常に専心すべきである。（六・一〇）

清浄な場所に、自己のため、高すぎず低すぎない、布と皮とクシャ草で覆った、堅固な座を設け、（六・一一）

その座に坐り、意（思考器官）を専ら集中し、心と感官の活動を制御し、自己の清浄のためにヨーガを修めるべきである。（六・一二）

「ヨーギンは一人で隠棲し」とあるので、ヨーガ行者は一人で静かな所に住むべきなのである。これは瞑想をだれにも邪魔されない静かな環境で行なうためである。最古の仏典と考えられる『スッタニパータ』の「犀の角の章」では一人で修行することが説かれたのと共通していて興味深い。またヨーガ行者が座に敷く「クシャ草」とは、インドで吉祥とされた草である。

体と頭と首を一直線に保ち、堅固〔に坐し〕、自ら鼻の先を凝視し、諸方を見ることなく、（六・一三）

自己（心）を静め、恐怖を離れ、梵行《ぼんぎょう》（禁欲）の誓いを守り、意を制御して、私に心を向け、私に専念し、専心して座すべきである。（六・一四）

「体と頭と首を一直線に保ち」とは、坐ったときの姿勢である。「自らの鼻の先を凝視し」とはヨーガの一心集中の方法で、鼻頭を眺めることである。ここで「私」といっているのはクリシュナすなわちヴィシュヌ神のことである。

このように常に専心し、意を制御したヨーギンは、涅槃《ねはん》をその極致とする、私に依拠する寂静に達する。（六・一五）

このように修行してヨーガ行者は、「涅槃を極致とする、寂静に達する」のであるから、解脱すると解釈できる。

食べすぎる者にも、全く食べない者にも、睡眠をとりすぎる者にも、不眠の者にも、ヨーガは不可能である。（六・一六）

節度をもって食べ、散策し、行為において節度をもって行動し、節度をもって睡眠し、目覚めている者に、苦を滅するヨーガが可能である。（六・一七）

これはヨーガ行者の生活について中庸が必要だと述べている。インドで断食をしたり、不眠の行をするヨーガ行者の噂を耳にすることがあるが、『ギーター』ではそのような者にはヨーガは不可能であると述べている。この立場も苦行を否定したゴータマ・ブッダに共通している。また「散策し」とあるのは、節度ある散歩を勧めているのであろう。

心が制御され、自己においてのみ安住する時、その人はすべての欲望を願うことなく、「専心した者」であると言われる。（六・一八）

ここで「専心した者」とはヨーガの修行が進んで心統一し、ヨーガの理想的な寂静に達したものである。以上のようにヨーガ行者の瞑想実践が『ギーター』に述べられている。節度ある生活をして、苦行をしないのであるから、この点でウパニシャッドよりもさらに中庸を説いているといえる。瞑想により寂静に到達しようとするもので、ウパニシャッド以来の伝統的な修行法といえるであろう。後の『ヨーガ・スートラ』にも繋がる内容でもある。『ギーター』の三ヨーガの中ではジュニヤーナ・ヨーガに近い修行法であるが、基本的なヨーガの修行と見るべきである。

カルマン

サンスクリット語の「カルマン（karman）」とは本来、行為を意味する。「業」と漢訳される。複合語を作るときには「カルマ（karma）」となるので、「カルマ・ヨーガ」は「行為の実践」、「行為の道」、「行為による解脱への道」などの意味になる。『バガヴァッド・ギーター』のカルマ・ヨーガは在家者による行為を説いているのが特徴である。

ウパニシャッドにも行為の道があるが、この行為はヴェーダ以来の祭祀と関わりがある。バラモン教の祭祀(yajña)は犠牲獣を捧げるものであった。『バガヴァッド・ギーター』でも祭祀は多くの用例があるが、ヴェーダ以来の祭祀を意味するのではない。『バガヴァッド・ギーター』の本文を見ていこう。

祭祀のための行為を除いて、この世の人々は行為に束縛される。アルジュナよ、執着を離れて、その(祭祀の)ための行為をなせ。（三・九）

このように祭祀のための行為をなせと述べている。次に具体的に『ギーター』に出てくる祭祀の例を挙げよう。

他の修行者たちは、強固な信念を持って、財物を祭祀とし、苦行を祭祀とし、「その他の行為の」ヨーガを祭祀とし、学習と知識を祭祀とする。（四・二八）

他の人々は、プラーナ気とアパーナ気の道を制御し、調息法に専念して、プラーナをアパーナの中に焼《く》べ、アパーナをプラーナの中に焼べる。（四・二九）

このように財物だけでなく、苦行、ヨーガ、学習、知識や呼吸も祭祀であるといわれているのであるから、行為がバラモン教の祭祀とは異なることが分かるであろう。これは『ギーター』が祭祀を精神的に解釈しているからである。

義　務

クリシュナはアルジュナに義務の行為を説く。『ギーター』の義務とは各階級により定まったものである。次に『ギーター』の本文を見ていこう。

あなたは定められた行為をなせ。行為は無為よりも優れている。あなたが何も行わないなら、身体の維持すら成就しないであろう。(三・八)

ここで無為といっているのは次の節で扱う「ジュニヤーナ・ヨーガ」が陥りやすい欠点である。

人は行為を企てずして、行為の超越に達することはない。また単なる［行為の］放擲《ほうてき》のみによって、成就に達することはない。(三・四)

このように無為は行為の超越（naiṣkarmiya）に至ることはできないのである。行為の超越はジュニヤーナ・ヨーガの理想であり、原始仏教でも naiṣkarmiya に相当するパーリ語は離欲をあらわす nekkhamma である。

それでは『ギーター』のカルマ・ヨーガはどのように行為せよと説いているのかを見ていこう。

あなたの職務は行為そのものにある。決してその結果にはない。行為の結果を動機としてはいけない。また無為に執着してはならぬ。(二・四七)

それ故、執着することなく、常に、なすべき行為を遂行せよ。実に、執着なしに行為を行えば、人は最高の存在に達する。(三・一九)

ほとんどの人の行為の動機は結果にあると思われるが、ここでは行為の結果を放棄して、行為にも無為にも執着なしに行なうことを説いている。これはとても難しいことであるが、純粋で絶対的な義務からの行為が『ギーター』では解脱へと導くことになるのである。

それでは『ギーター』の義務が具体的にどのようなものであるか、クリシュナの説明から各階級の義務を見ていこう。

バラモン、クシャトリヤ、ヴァイシャ、及びシュードラの行為は、[それぞれの]本性より生ずる要素に応じて配分されている。(一八・四一)

このように『バガヴァッド・ギーター』によれば、各階級は本性より生じた要素グナ（guṇa）によって義務の行為が定まっているのである。この要素というのは、原始サーンキヤ思想であり、これは後にサーンキヤ学派となる。

バラモンの義務

次にバラモンの義務を明らかにしよう。

寂滅、自制、苦行、清浄、忍耐、廉直、理論知と実践知、信仰。以上は本性より生ずるバラモンの行為である。（一八・四二）

バラモンの義務が寂静、自制、清浄、忍耐、廉直、正直という語から判断できるように倫理的な項目を示している。そのためバラモンにおいては、義務と倫理がある程度一致している。ここで苦行（tapas）という語が用いられている。この語からは一般的に肉体を苦しめる苦行が連想されるが、けっしてそうではない。身体・言葉・心の三苦行が『ギーター』では挙げられ、身体の苦行は「神々、バラモン、師匠、知者の崇拝、清浄、廉直、梵行（禁欲）、不殺生」（一七・一四）であり、言葉の苦行は「不安を起こさせない、真実で、好ましい有益な言葉、及び、ヴェーダ学習（読誦）の常修」（一七・一五）であり、心の苦行は「意《こころ》の平安、温和、沈黙、自己抑制、心の清浄」（一七・一七）である。このように『ギーター』の苦行は精神的に解釈しており、仏教の立場とも一致する。

クシャトリヤの義務

次にクシャトリヤの義務を明らかにしよう。

勇猛、威光、堅固（沈着）、敏腕、戦闘において退かぬこと、布施、君主の資質。以上は本性より生ずるクシャトリヤの行為である。（一八・四三）

平時には王族であるクシャトリヤは統治したり、バラモンに布施することが義務であり、戦時には勇敢に戦い、けっして戦闘において逃亡しないことが義務である。

すでに述べたようにアルジュナは『ギーター』において戦争に直面している。そのアルジュナにクリシュナは次のように話すのである。

更にまた、あなたは自己の義務を考慮しても、戦慄《おのの》くべきではない。というのは、クシャトリヤ（王族、士族）にとって、義務に基づく戦いに勝るものは他にないから。（二・三一）

もしあなたが、この義務に基づく戦いを行わないならば、自己の義務と名誉とを捨て、罪悪を得るであろう。（二・三三）

このように戦争がクシャトリヤの義務であり、アルジュナが直面しているのは正義の戦いということになっている。戦いの放棄は罪悪であり、戦うことが義務とされているのであるから、一般の倫理とは反対のことを説いている。戦争を勧めるのであるから倫理的とはいい難いが、ここでは倫理よりも義務が優先すると解釈すべきであろう。なぜなら義務は神が定めたものだからである。

ヴァイシャとシュードラの義務

さらにヴァイシャとシュードラの義務が説かれる。

農業と牧畜と商業は、本性より生ずるヴァイシャの行為である。シュードラの本性より生じた行為は、［他の種姓に］仕えることよりなる。（一八・四四）

このように生産にかかわる農業や牧畜、それから商業がヴァイシャの義務であり、上位三階級に奉仕することがシュードラの義務であると定められている。ただしこのような区別は『ギーター』が観念的に述べているだけで、史実とは異なる。

義務の遂行と解脱

階級の義務の遂行は解脱に関係しているのである。

自己の義務の遂行は、不完全でも、よく遂行された他者の義務に勝る。本性により定められた行為をすれば、人は罪に至ることはない。（一八・四七）

生まれつきの行為は、たとい欠陥があっても、捨てるべきではない。アルジュナよ。実に、すべての企ては欠陥に覆われているのだ。火が煙に覆われているように。（一八・四八）

何ものにも執着しない知性を持ち、自己を克服し、願望を離れた人は、放擲《ほうてき》により、行為の超越の、最高の成就に達する。（一八・四九）

このように生まれながらの義務の遂行は、欠陥があっても、他の階級の義務に勝るのである。このことを分かりやすく説明すると、バラモンに生まれた者は、ヴェーダを覚えられず、商才がある場合でも、商業に従事せず、司祭の仕事をせよというようなものである。これによって解脱に達するというのははなはだ不合理である。

そしてカルマ・ヨーガでは、人は義務の行為の遂行を執着せず、欲望を離れて行なうことにより，最高の成就（解脱）に達するのである。『バガヴァッド・ギーター』では戦争に直面しているクシャトリヤのアルジュナは、戦争の結果である勝敗を考えず、何ものにも執着せず、また結果も考慮せずに義務として戦うことを神の化身であるクリシュナに勧められているのである。

3　ジュニヤーナ・ヨーガ

ジュニヤーナ

「ジュニヤーナ（jñāna）」とは知識、智恵を意味する。したがって「ジュニヤーナ・ヨーガ」とは「知識の道」とか「知識による解脱道」などの意味になる。『バガヴァッド・ギーター』以前のウパニシャッドで実践されたブラフマン（宇宙の創造原理）やアートマン（精神原理）を探求する道は同様に知識の道である。しかし『ギーター』ではウパニシャッドになかった知識も説く。それはサーンキヤ哲学の知識である。次にクリシュナが述べる知識を紹介しよう。

聖バガヴァットは告げた。
アルジュナよ、この身体は「土地」と呼ばれる。それを知る人々は、その「土地」を知る者を「土地を知る者」と呼ぶ。（一三・一）

そして、すべての「土地」において、私を「土地を知る者」であると知れ。「土地」と「土地を知る者」との知識、それが［真の］知識であると私は考える。（一三・二）

ここで「土地（クシェートラ）」といっているのは身体のことである。そして「土地を知る者（クシェートラジュニヤ）」といっているのは自我（精神原理）のことである。具体的な説明を見ていこう。

［五種の］元素、自我意識、思惟機能、非顕現のもの（プラクリティ）、十の感官と一［思考］器官、五の感官の対象、（一三・五）

欲求、憎悪、苦楽、［身体部分の］集合、意識、堅固（充足）。以上、「土地」とその変異が簡潔に説かれた。（一三・六）

「五種の元素」とは地、水、火、風、空の元素である。「自我意識（アハンカーラ）」とは自我（アートマン）ではないが、これが自我だと錯覚するのである。「非顕現のもの（プラクリティ）」とは物質原理であり、「思惟器官（ブッディ）」とは純粋理性であり、「一［思考］器官」とは心のことであり、「五の感官の対象」とは声、触、色、味、香のことである。「欲求、憎悪、苦楽、［身体部分の］集合、意識、堅固(充足)」は身体の変異であろう。

徳目

さらに知識について述べている。

慢心や偽善のないこと。不殺生、忍耐、廉直。師匠に対する奉仕、清浄、堅い決意、自己抑制。（一三・七）

感官の対象に対する離欲。我執のないこと。生老病死苦の害悪を考察すること。(一三・八)

妻子や家などに対して執着や愛着のないこと。好ましい、また好ましくない出来事に対し、常に平等な心でいること。(一三・九)

ひたむきなヨーガによる、私への揺るぎない信愛。人里離れた場所に住むこと。社交を好まぬこと。(一三・一〇)

常に自己に関する知識に専念すること。真知の目的を考察すること。以上が「知識」であると言われる。それと反対のことが無知である。(一三・一一)

ここで知識といわれるものは一三・五と六で述べられた知識とは一致しない。むしろ修行に必要な徳目や態度と解釈すべきだろう。

二大原理

『ギーター』は物質原理と精神原理の二大原理を説く。

プラクリティ（根本原質）とプルシャ（個我）とは、二つとも無始であると知れ。諸変異と諸要素とは、プラクリティから生ずるものと知れ。（一三・一九）

プラクリティは、結果と原因を作り出す働きにおける因であると言われる。プルシャは、苦楽を享受することにおける因であると言われる。（一三・二〇）

というのは、プラクリティに宿るプルシャは、プラクリティから生ずる要素を享受するから。彼が要素と結合することが、彼が善悪の胎から生まれる原因である。（一三・二一）

この身体における最高のプルシャは、近くで見る者、承認者、支持者、享受者、偉大な主、最高の自己と言われる。（一三・二二）

このようにプルシャとプラクリティと要素を知る人は、いかなる境遇に生きていようとも、再び生まれることはない。（一三・二三）

プラクリティとは「根本原質」とも訳される物質原理であり、それから一切が生じるのである。人が自己と考えている心や思考器官などは物質原理から生じるものであり、本来の自己とは異なることになる。プルシャとはアートマンと同一である精神原理であり、「個我」とも訳される。これが真の自己である。すでに述べた「土地を知る者」も同じである。この二大原理と要素を知れば解脱する。本来の自我であるプルシャを人は知らないで、自我意識のためにプラクリティから生じた身体や心を自己と錯覚させられているので、輪廻するのである。したがってプルシャとプラクリティの違いを真に知ることがジュニャーナ・ヨーガの解脱に結びつく。

知識の対象

さらに『ギーター』では知識の対象を述べる。

私は知識の対象を告げよう。それを知れば人が不死（甘露）に達するところの。それは、無始なる最高のブラフマンである。それは有とも非有とも言われない。（一三・一二）

それは一切の方角に手足を持ち、一切の方角に目と頭と口を持ち、一切の方角に耳を持ち、世界において一切を覆って存在している。（一三・一三）

それは一切の感官の属性を持つかのようであるが、一切の感官を離れ、執着なく、一切を支え、［プラクリティの］要素を持たず、しかも要素を享受するものである。（一三・一四）

それは万物の外にあり、かつ内にあり、不動であり、かつ動き、微細であるから理解されない。それは

遠くにあり、かつ近くにある。（一三・一五）

それは分割されず、しかも万物の中に分割されたかのように存在する。それは万物を維持し、呑み込み、創造するものであると知らるべきである。（一三・一六）

それは諸々の光明のうちの光明であり、暗黒の彼方にあると言われる。それは知識（真如）であり、知識の対象であり、知識により到達されるべきものである。それはすべてのものの心に存在する。（一三・一七）

以上、「土地」、「知識」、「知識の対象」を簡潔に説いた。私を信愛する者は、これを理解して、私の状態に達する。（一三・一八）

ここで知識の対象とされているのはブラフマンである。ウパニシャッドで知識の対象であった宇宙創造原理のブラフマンを『ギーター』でも解脱のために知られるべきものとしている。そしてクリシュナを信愛する者はこれらを理解して神の状態に達する、つまり解脱するのである。

神の知識

『ギーター』ではクリシュナも知識の対象である。

聖バガヴァットは告げた。
私は多くの生を経て来た。あなたもそうだ。アルジュナよ。私はそれらをすべて知っている。だがあなたは知らない。（四・五）
私は不生であり、その本性は不変、万物の主であるが、自己のプラクリティ（根本原質）に依存して、自己の幻力により出現する。（四・六）
実に、美徳（正法）が衰え、不徳（非法）が栄える時、私は自身を現すのである。（四・七）
善人を救うため、悪人を滅ぼすため、美徳を確立するために、私は世期ごとに出現する。（四・八）
私の神的な出生と行為を、このように如実に知る者は、身体を捨てた後、再生することなく、私のもとに来る。（四・九）

このようにクリシュナは世界に悪がはびこるときに人々を救うために出現する救世主である。ここでは化身（アヴァターラ）という言葉は使われていないが、その観念は『ギーター』で明らかにされている。そしてクリシュナの誕生と行為を知る者は、再生することなく、クリシュナのもとに行く、つまり解脱するのである。ここでサーンキヤの知識ではなく、クリシュナの知識が解脱に導くと説いている。『ギーター』では正しく神の化身を知ることが解脱に至ることになるのである。

サーンキヤ思想では、精神原理と物質原理の区別が解脱のために必要であると説かれたが、『ギーター』では神への信仰が説かれるので、神についての知識も解脱に導くと述べられたのであろう。

4 バクティ・ヨーガ

バクティ

「バクティ（bhakti）」とは「信仰」とか「信愛」、「帰依」の意味である。したがって「バクティ・ヨーガ」とは「信仰の道」とか「信仰による解脱道」ということになる。この「バクティ」の語は、紀元前四世紀頃の『シュヴェーターシュヴァタラ・ウパニシャッド』に初めてルドラ（シヴァ神）へ帰依の意味で使われている。しかしながら、このウパニシャッドでは、これから紹介する『ギーター』のような熱烈な神への信仰ではない。

すでに述べたようにクリシュナはヴィシュヌ神の化身である。『ギーター』ではこの神に対する熱烈な愛、信仰を強調している。ヴィシュヌ神は世界を創造し、維持し、そして消滅させる物質原理でもあり、世界の主宰神でもある。バクティ・ヨーガでは、この神に対する愛と信仰による解脱を説いている。

悪人の救済

『ギーター』にも悪人正機説に近い思想が見られる。次に本文を見ていこう。

たとえ極悪人であっても、ひたすら私を信愛するならば、彼はまさしく善人であるとみなされるべきである。彼は正しく決意した人であるから。（九・三〇）

速やかに彼は敬虔な人となり、永遠の寂静に達する。アルジュナよ、確信せよ。私の信者は滅びることがない。（九・三一）

このように極悪人であってもクリシュナすなわちヴィシュヌを信仰すれば、善人とみなされて永遠の寂静に至るのである。ただ『ギーター』は日本の悪人正機説とは違って、悪人の方が善人よりも救われるとは述べていない。

実に、私に帰依すれば、生まれの悪い者でも、婦人でも、ヴァイシャ（実業者）でも、シュードラ（従僕）でも、最高の帰趣に達する。（九・三二）

そして悪人だけでなく、婦人でも、階級の低い者でも、クリシュナに帰依すれば、解脱できるのである。神を信仰すれば、だれでもが解脱できると説いたのは、インド宗教史上、『バガヴァッド・ギーター』が初めてである。このようにバクティ・ヨーガがすべての者に解脱の道が開いたことになる。

四種の信者

『ギーター』では神を信仰する者は四種である。

アルジュナよ、四種の善行者が私を信愛する。すなわち、悩める人、知識を求める人、利益を求める人、知識ある人である。（七・一六）

「悩める人」が信仰するようになるのは、よくあることである。けれども「知識を求める人」と信仰とは結びつかないかもしれない。科学的な知識を求める人が神を信仰するとは考え難いかもしれない。この「知識」を八世紀ごろの哲学者シャンカラは「神の知識」と注釈している。もちろん神の知識を求める人なら、信仰することは理解できる。「利益を求める人」が信仰することはよく知られている。いわゆる御利益信仰である。「知識ある人」というのは、先ほどの「知識を求める人」の注釈から、神の知識ある人と考えれば、理解できる。

彼らのうち、常に［私に］専心し、ひたむきな信愛を抱く、知識ある人が優れている。知識ある人にとって私はこの上なく愛しく、私にとって彼らは愛しいから。（七・一七）

これらの人々はすべて気高い。しかし、知識ある人は、まさに私と一心同体であると考えられる。というのは、彼は専心し、至高の帰趣である私に依拠しているから。（七・一八）

幾多の生の最後に、知識ある人は、ヴァースデーヴァ（クリシュナ）はすべてであると考え、私に帰依する。そのような偉大な人は非常に得られ難い。（七・一九）

このようにクリシュナの知識をもつものが信者の中でもっとも優れていることになる。ジュニヤーナ・ヨーガでもクリシュナすなわちヴィシュヌ神の知識で解脱に至ると説かれていたので、この知識ある人というのはジュニヤーナ・ヨーガとバクティ・ヨーガの両方にかかわっていると解釈できる。また「ヴァースデーヴァ（クリシュナ）はすべてである」というのは、神が万物の中にあり、万物が神の中にあるという汎神論的な思想であろう。

他の神の信仰

『ギーター』ではクリシュナ以外の神の信仰にも言及している。

種々の欲望によりその知識を奪われた人は、各自の本性により定められた、他の神々に帰依する。各々の戒行に依拠して……。（七・二〇）

それぞれの信者が、信仰を持ってそれぞれの神格を崇めようと望む時、私は各々の信仰を不動のものとする。（七・二一）

彼はその信仰と結ばれ、その神格を満足させることを望む。そしてそれから諸々の願望をかなえられる。それらは実は私自身によりかなえられたものである。（七・二二）

しかし、これらの小知の人々の得る果報は有限である。神々を崇める人々は神々に至り、私を信愛する人（信者）はこの私に至ることができる。（七・二三）

このように無知なるがゆえにクリシュナ以外の神々を信じる者達がおり、彼等の信仰は御利益信仰である。けれども、クリシュナは彼等の信仰を不動にし、さらに果報を与えるが、それらの果報は有限である。クリシュナを信じる者だけが、神に至ることができるのである。いい換えればクリシュナを信じる者だけが解脱できるのである。

『バガヴァッド・ギーター』はヴィシュヌの化身のクリシュナが教えを説いているのであるから、当然クリシュナへの信仰を説くが、他の神々への信者に対しても一見寛大なように思える。しかしクリシュナを信じる者しか解脱できないのであるから、解脱を求める者には、クリシュナの信仰しかないのである。

供養

『ギーター』は供養の対象もクリシュナである。

信仰をそなえ、他の神格を供養する(祀る)信者たちも、教令によってではないが、実は私を供養するのである。(九・二三)

何故なら、私はすべての祭祀の享受者であり、主催者であるから。しかし彼らは真に私を知らない。そこで彼らは［人界に］堕ちるのである。(九・二四)

他の神を供養する者達も間接的にクリシュナを供養することになる。それはクリシュナがすべての祭祀の享受者だからである。しかしながら、クリシュナを知らない者は、解脱できないので輪廻するのである。

神々の信奉者たちは神々に達し、祖霊の信奉者たちは祖霊に達す。鬼霊を供養する人々は鬼霊に達し、私を供養する人々は私に達す。(九・二五)

ヒンドゥー教は多神教であるから、ヴィシュヌ神の化身であるクリシュナ以外にも多くの神々が存在する。シヴァ神やガネーシャ(聖天)やドルガー女神など数え上げるときりがない。このような神々を供養する者は神々に達する。祖霊や鬼霊を供養する者は祖霊や鬼霊に達するのである。クリシュナを供養する者だけがクリシュナに達するのである。つまり解脱するのである。
では クリシュナへの供養はどのようなものであろうか。

人が信愛をこめて私に葉、花、果実、水を供えるなら、その敬虔な人から、信愛をもって捧げられたものを私は受ける。（九・二六）

あなたが行うこと、食べるもの、供えるもの、与えるもの、苦行すること、それを私への捧げものとせよ。アルジュナ。（九・二七）

かくてあなたは、善悪の果報をもたらす行為（業）の束縛から解放されるであろう。放擲のヨーガに専心し，解脱して私に至るであろう。（九・二八）

供養といっても、クリシュナへの信仰を持っていたら、何も特別なことをする必要はない。一枚の葉、一つの花、一つの果実、一杯の水で良いのである。これならだれでもやろうと思えばできる供養である。さらにすべての行為、食べ物、供物、苦行をクリシュナに捧げよといっている。すべてをクリシュナに捧げることによって、業の束縛から解放されるのである。人は業の束縛により迷いの世界に輪廻するのであるから、これから解放されると解脱するのである。

最愛の者

クリシュナにとってどのような人が愛しいか述べている。

すべてのものに敵意を抱かず、友愛あり、哀れみ深く、「私のもの」という思いなく、我執なく、苦楽を平等に見て、忍耐あり、（一二・一三）

常に満足し、自己を制御し、決意も堅く、私に意《こころ》と知性を捧げ、私を信愛するヨーギン、彼は私にとって愛しい。（一二・一四）

ここで「すべてのものに敵意を抱かず」などとあることから、かなり修行が進んでいると思われる。また「苦楽を平等に見て」とあるのは平等観である。『ギーター』（二・四八）では「ヨーガは平等の境地」と見ている。苦楽だけでなく、勝敗や成功と失敗なども同一と見るのである。このような境地に達しており、クリシュナを信仰するヨーガ行者を愛しいといっている。

世間が彼を恐れず、彼も世間を恐れない、喜怒や恐怖や不安を離れた人、彼は私にとって愛しい。（一二・一五）

何ごとも期待せず、清浄で有能、中立を守り、動揺を離れ、すべての企てを捨て、私を信愛する人、彼

は私にとって愛しい。（一二・一六）

喜ばず、憎まず、悲しまず、望まず、好悪を捨て、信愛を抱く人、彼は私にとって愛しい。（一二・一七）

敵と味方に対しても平等であり、また尊敬と軽蔑に対しても平等であり、寒暑や苦楽に対しても平等であり、執着を離れた人、（一二・一八）

毀誉褒貶を等しく見て、沈黙し、いかなるものにも満足し、住処《すみか》なく、心が確定し、信愛に満ちた人、彼は私にとって愛しい。（一二・一九）

このように自己制御ができており、恐怖や不安を離れ、平等観を達成し、クリシュナを信仰する者がクリシュナにとって愛しいのである。これはすでに述べたようにかなり修行が進んだものである。

しかし、以上述べた、この正しい甘露（不死）［の教え］を念想し、信仰し、私に専念する信者たち、彼らは私にとってこよなく愛しい。（一二・二〇）

まだ修行が進んでいなくても、クリシュナの教えを念想し、クリシュナに専念する信者はクリシュナにとってもっとも愛しい者である。つまり一心に神を信仰する者を神も愛するのである。

臨終正念

『ギーター』では人が臨終のときにクリシュナを念想するように述べている。

臨終の時、私のみを念じて肉体を脱していく者は、私の状態に達する。この点に疑いはない。(八・五)

臨終において、人がいかなる状態を念じて肉体を捨てようとも、常にその状態と一体化して、まさにその状態に赴く。(八・六)

臨終のときに人は何かを念想すれば、そのものの状態に達するのである。クリシュナのみを念想して肉体を離れれば、クリシュナの状態に達するのである。つまり神を念想すれば神と一体化できるのである。けれども臨終のときだけクリシュナを念想すればそれで良いというのではない。

それ故、あらゆる時に私を念ぜよ。そして戦え。私に意《こころ》と知性を委ねれば、疑いなく、まさに私のもとに来るであろう。(八・七)

ここで「あらゆる時に私を念ぜよ。」とあるから、常にクリシュナを念想すべきなのである。そうでないと臨終のときにだけ念想できるものではないであろう。このように日本仏教の臨終のときに心を正して極楽浄土への往生を願う臨終正念と似た考えが『ギーター』に見られるのは興味深い。またここで「戦え」といっているのは、クリシュナが『ギーター』を戦争の直前に説いているからであり、アルジュナに神であるクリシュナを念想して戦うことを勧めているのである。

5 まとめ

これまでカルマ・ヨーガ、ジュニャーナ・ヨーガ、バクティ・ヨーガを見てきた。それぞれ行為の道、知識の道、信仰の道が説かれているのは、行動的な人にも、知的な人にも、情緒的な人にも当てはまる教えといえる。つまり多くの人にとっては『ギーター』は実践しやすい教えを説いている。『バガヴァッド・ギーター』は特に信仰を強調している。しかしこの聖典が本当に理想とする立場は三種のヨーガを総合したものである。

私に帰依する人は、常に一切の行為をなしつつも、私の恩寵により、永遠で不変の境地に達する。(一八・五六)

心によりすべての行為を私のうちに放擲し、私に専念して、知性のヨーガに依存し、常に私に心を向ける者であれ。(一八・五七)

このようにすべての行為をクリシュナに捧げ、正しい知識を得て、クリシュナを信仰するのが、『ギーター』の理想の実践であろう。

三種のヨーガが独立して説かれていると思われがちであるが、『ギーター』が説いているのは三道の総合である。そしてカルマ・ヨーガの行為も結局は神であるクリシュナに捧げるのであるから、信仰が必要である。ジュニヤーナ・ヨーガも神の知識を説くわけであるから、やはり信仰抜きには考えられない。したがって、『バガヴァッド・ギーター』はカルマ・ヨーガ、ジュニヤーナ・ヨーガ、バクティ・ヨーガの総合を理想とし、全体のテーマは信仰であると解釈できる。

この信仰によってすべての人々に解脱が可能であると説いたので、『バガヴァッド・ギーター』は今日までのおよそ二千年間もインドで人々に愛好され、実践の指針となってきたのである。

参考文献

原典

Bhagavadgītā, critically ed. by Shripad Krshna Belvalkal, Poona, BORI, 1968.
Śrīmadbhagavadgītā, Śāṃkarabhāṣya with Ānandagiriṭīka, ASS, No.34, Poon, 1936.

翻訳

上村勝彦訳『バガヴァッド・ギーター』岩波書店、一九九二年

上村勝彦『古代インドの宗教――ギーターの救済――』日本放送出版協会、一九九五年
辻直四郎『インド古典叢書バガヴァッド・ギーター』講談社、一九八〇年
中村元『ヒンドゥー教と叙事詩』〈中村元選集（決定版）第三十巻〉春秋社、一九九六年
中村元『ヒンドゥー教史』山川出版、一九七九年
中村元『ウパニシャッドの思想』〈中村元選集（決定版）第九巻〉春秋社、一九九〇年
山口恵照・中村元『古代インドの宗教――インダス文明からガンジスまで――』〈アジア仏教史　インド編Ⅰ〉佼成出版社、一九七三年

第6章　ジャイナ教の修行と生活
――非暴力・不殺生と慈悲の思想――

杉岡信行

1　はじめに

仏教、ジャイナ教以前の慈悲は、一神教ユダヤの神の慈悲であったり、あるいは、古代インドなどの神々の慈悲であったであろう。すなわち、慈悲は神の業《わざ》であったし、いまも神の業である。しかし、仏教、ジャイナ教が興起してからは、人間同士も自ら慈悲を思想し、慈悲を実践することを主張するようになった。中村元博士は、戦後の一九四九年に仏教の立場から「慈悲の心情はもともと人間にのみ存するものである」と提唱する。

本章では、ジャイナ教徒の修行と生活が主題である。ジャイナ教の修行と生活においては、他者と共存・共生してゆくという思想がその根底にある。この場合、他者とは他の人々であり、また、人間以外の多様な生き物を指す。ジャイナ教の基盤には、他者との共存・共生を是とする思想とその実践とがある。それはすなわち、ジャイナ教の慈悲の思想と慈悲の実践とである。

慈悲といえば、仏教の慈悲がよく知られている。中国からの漢訳された大乗仏教を受け容れたわが国では、日本の伝統思想と相まって慈悲の思想が文化受容された。したがって慈悲は仏教思想のひとつであると思われてきた。しかし、慈悲はその起源を古代インドにもつ。ジャイナ教の基盤に慈悲の思想とその実践があるというのもその一環である。

慈悲の実践とは、非暴力や不殺生を遵守することである。また、日常生活においてもできるだけ、非暴力や不殺生を守ることが求められる。仏教とジャイナ教には修行や生活に五つの戒《いましめ》がある。仏教では五禁戒、ジャイナ教では五大誓戒と呼ばれている。そして、両者の戒は酷似している。これらの戒のそれぞれの第一番目の戒が非暴力・不殺生の戒めである。慈悲の思想が修行者や生活者の中で非暴力・不殺生の行ないとして実践されてゆくのである。

本章ではまず、仏教の慈悲について述べる。次にジャイナ教の慈悲について述べる。さらに仏教とジャイナ教のその相違点について述べよう。相違点は、慈悲についての考え方の違いもさることながら、共存・共生する生き物の多様性の相違ということになる。

2　仏教の慈悲

メッターとカルナー

仏教では慈悲は初期仏教にあらわれている。おそらく、釈尊ゴータマ・ブッダが慈悲を始めたと思われる。初期仏教とは南伝上座部に伝わるパーリ仏典の内容のことである。パーリ語では、慈悲は慈と悲の異なる概念として当初は区別されていた。慈はメッター（mettā）の訳語であり、悲はカルナー（karuṇā）の訳語である。最初期の仏典の一つに『スッタニパータ』がある。この中の慈悲についてみてみよう。

あたかも、母が己が独り子を命を懸けて護るように、そのように一切の生きとし生けるものどもに対しても、無量の（慈しみの）こころを起こすべし。（中村元訳『スッタニパータ』149）

この詩句が入っている一節は「慈しみの経」（Mettā-sutta）と呼ばれて、南方上座仏教で重要視されている。一切の生きとし生けるものへの慈しみ（mettā）が、母親のわが子への命がけの慈愛という比喩によって表現されている。

慈しみと平静とあわれみと解脱と喜びとを時に応じて修め、世間すべてに背くことなく、犀の角のようにただ独り歩め。（中村元訳『スッタニパータ』73）

犀の角のように独り歩む修行者が、修めるべき修行内容として、慈しみ（mettā）と平静とあわれみ（karuṇā）と解脱と喜びとが数えられる。初期仏教では慈と悲は別々の概念としてあつかわれていた。すなわち、慈（mettā）は一切の生きとし生けるものどもに利益と安楽をもたらすことを願うことである。悲（karuṇā）は不利益や苦しみを除去しようと願うことである。そして、さらに少し後になると、ここにある慈と悲と平静と喜びが、慈・悲・喜・捨の四無量心として体系化されるようになる。

ダヤーとアヌカンパー

さて、初期仏教において慈悲をあらわす用語は慈（mettā）と悲（karuṇā）以外にもあった。それについて述べてみよう。用語としてはダヤー（dayā）とアヌカンパー（anukampā）とその派生語が使用されている。

一度生まれたもの（胎生）でも、二度生まれたもの（卵生）でも、この世で生きもの害し、生きものに対するあわれみのない人、——かれを賤しい人であると知れ。（中村元訳『スッタニパータ』117）

一度生まれるものとは哺乳類のような母胎から生まれる動物、二度生まれるものとは鳥類や爬虫類などのように、はじめ卵で生まれて、次に卵から仔が出てくる動物をいう。このような多種多様な生き物を害し、あわれみ（dayā）のない人を賤しい人であるとする。多種多様な生き物に対して、慈しみや憐れみをあらわすのにメッター（mettā）が使用されていたのだが、この詩句ではダヤー（dayā）が使用されている。

世の中のどこにも、わたしは害《そこな》いを見ない。それ故に、一切の生きとし生けるものどもを憐みながら、われは眠る。（中村元訳『サムユッタ・ニカーヤ』4－2－4）

すべての生き物を憐れむときアヌカンピン（anukampin）という用語を使っている。以上のことから、初期仏教では生き物に対して慈悲をあらわすとき、メッターやカルナーという用語だけではなく、ダヤー（dayā）とアヌカンパー（anukampā）とその派生語も使用されていた。そして、これら二つの用語は、初期のジャイナ教においても生き物に対する慈悲をあらわすとき使用されているのである。

3　ジャイナ教の慈悲

最初期の聖典にあらわれた慈悲

慈悲の思想とその実践について、まず最初期のジャイナ教聖典にある、生き物に対する慈悲をあらわす例を見てみよう。

修行者は一切のいきとし生けるものにあわれみ、同情あれ。（中村元訳『ウッタラジャーヤ』21－13）

すべての生き物に対してあわれみ（dayā）と同情（aṇukaṁpi）をあらわしなさいという。

法に安立して一切の生き物に対してあわれみあれ。（中村元訳『ウッタラジャーヤ』13－32）

法とは初期ジャイナ教では一般に不殺生と自制と苦行をいう。その法を守りながらすべての生き物にあわれみ（aṇukaṁpi）をあらわしなさいという。以上のようにジャイナ教でも、生き物に慈悲をあらわすとき、用語としてダヤー（dayā）とアヌカンパー、アヌカンピー（aṇukaṁpi）を使用している。

〝生きとし生けるもの〟とはなにか

それでは次に、〝一切の生きとし生けるものども〟というとき、その内容が同等であるかどうかについて確認しておこう。初期ジャイナ教で〝一切の生きとし生けるもの〟というとき、生き物は六生類をいう。六生類とは何か。最初期のジャイナ教聖典に六生類と不殺生について述べられてある。

地・水・火・風・草木穀物、動物はそれぞれに生命ある生きものである。これが六生類といわれるもので、これがすべてである。あらゆる手段を尽くしてこれを考察せよ。すべてが苦を憎んでいる。だからすべてを殺してはならぬ。（谷川泰教訳『スーヤガダンガ』1－11－7, 8）

六生類とは、地、水、火、風、植物、動物の六種の生き物である。六生類すべては苦痛を感受し、そしてそれを憎むのである。だから殺してはならないという。おそらくジャイナ教の開祖マハーヴィーラに始まったであろう六生類の考え方は、以後ジャイナ教の思想に一貫している。

ところで、すでに見たように生き物については初期仏教においても〝すべての生きとし生けるもの〟という表現をとることがある。これはジャイナ教と同じく六生類を指すのであろうか。答えは否である。まず、地、水、火、風についてみてみる。初期仏教においては、地、水、火、風は四大元素と呼ばれ物質存在である。一般にインド思想においては四大元素といえば地、水、火、風が数えられる。また、釈尊と同時代の自由思想家にアジタ・ケーサカンバリンがいる。彼は唯物論者として知られているが、人間存在を地、水、火、風の四種の元素から構成されているにすぎないといっている。地、水、火、風はここでも物質存在であった。

次に植物についてみてみよう。仏教徒による植物の取り扱いについては微妙である。釈尊は植物にも生命があるからむやみに殺生してはならないなどと命じている。しかし、釈尊入滅後、仏教僧団が拡大展開してゆくなかで、植物は有情――心の働きや感情を持つもの――とみなされなくなったり、植物を伐採しても殺生ではないと考えられるようになった。したがって、仏教において生きとし生けるものというときには、生き物は人間をふくめた動物を指すということである。

仏教とジャイナ教との用語使用の相異

さて、仏教とジャイナ教の慈悲の思想を比較する中で用語の使用範囲に相異がある。初期仏教では慈悲の思想をあらわすとき、四つの用語を使用していた。①メッター、②カルナー、③ダヤー、④アヌカンパーの四つとその派生語である。このうち③ダヤーと④アヌカンパーの二つは仏教とジャイナ教に共通して使用されているのを見た。次に①メッターと②カルナーについて検討する。初期ジャイナ教では①メッター

(mettā) はメッティー (mettī) という語形で、意味は〝友愛〟とか〝他者への援助の思い〟で慈悲の思想には合致しているが、初期聖典では二、三個所を数えるだけで、初期仏教で散見される回数とは比較にはならない。②カルナー (karuṇā) はカルナ (kaluṇa) という語形でかなり散見されるが、ジャイナ教徒は「カルナ」は愛着の意味でむしろ捨て去るべきものと考えていたようである。初期ジャイナ聖典の『ターナンガ』に次のようにある。

四種類の愛 (kāma) がある。シンガーラー、カルナー、ビーバッチャー、ローダーである。シンガーラーは神々の愛。カルナーは人間たちの愛。ビーバッチャーは動物たちの愛。ローダーは地獄の住者たちの愛である。(『ターナンガ』第四章)

初期のジャイナ教ではカルナ (kaluṇa) は人間同士の愛情・愛欲 (kāma) の意であり、慈悲の思想はあらわれていない。以上により初期ジャイナ教では①メッターと②カルナーは使用しないか、ほとんど使用しない。もっぱら③ダヤーと④アヌカンパーの二用語を使用することがわかった。

4 ジャイナ教の生物観

六生類

最初期のジャイナ聖典に『ダサヴェーヤーリヤスッタ』という文献がある。その第四章は「六種の生類」

の章である。「六種の生類と名付くる章は、沙門なる大雄、迦葉族の世の教え」とあり、ジャイナ教の開祖マハーヴィーラの教えといわれている。

身と、動身となり。

（師曰く。）これが、実に、六種の生類と名づくる章なり。即ち、地身と、水身と、火身と、風身と、樹

地は、道具によりて変ぜられたるものを除きては、心を具し、個々の生類より成り、個々の有情あるものと説かれたり。（松濤誠廉訳『タサヴェーヤーリヤスッタ』第四章）

この聖典では、六生類のうち地、水、火、風、植物は動かない生き物とされ、第六番目の動物だけが空間を動くことができる身体を持つ。樹身は樹木のことをいうが『スーヤガダンガ』にあった草木穀物のことであり、一切の植物のことである。

この六生類には微細なものと粗大なものがあり、地、水、火、風の微細な各個体には形状があるといわれている。すなわち、地の個体は〝レンズ豆〟の形をしており、水の個体は〝芝の葉先についた水滴〟の形。火の個体は〝束ねられた針の形〟。風の個体は〝旗の形〟をしていると言われている。

これらの形状をした地、水、火、風の個体が物質存在ではなく、生き物であるとはどういうことであろうか。聖典には「心を具し」とあった。地、水、火、風の個々の個体はそれぞれ心を持っている。また、「個々の生類より成り」の生類の原語をみてみると、ジーヴァ（jīva）とある。ジーヴァは一般に生命とか

霊魂のことである。ジャイナ教では生き物の一個体につき一霊魂を持つとされているから、地、水、火、風の各個体に一霊魂がそなわっているということである。「道具によりて変ぜられたるものを除きては」とはどういうことか。たとえば、地としての粘土をとりあげてみよう。われわれ人間は地中から粘土を見つけて、〝ろくろ〟や〝へら〟を使って、壷などの器を造り、よく乾燥させ、窯で焼き、陶器の完成をみる。この完成した陶器にはもはや生命はないのである。ジャイナ教の教義から見れば陶器は物質存在となってしまったといえる。ジャイナ教徒は、以上のような生物観のもとに六生類の中で日々修行や生活を行なっている。

六生類と輪廻

ここで六生類と輪廻の問題をとりあげよう。一般に輪廻といえば、人の死後の再生、転生のことが重要視される。また、初期仏典の『ジャータカ』では、釈尊の前世が動物昔話との関連の中でとりあげられたりする。これらはすなわち、人や動物が有情であり霊魂を持っているから輪廻があるのである。植物はどうかといえば、仏教では植物は有情とみなされていないので、輪廻しないのである。

ジャイナ教では六生類：地、水、火、風、植物、動物のそれぞれの類の、またそれぞれの種の一個体、一個体がそれぞれ霊魂をもっているので、死後輪廻するはずである。植物の輪廻がどのようにいわれているか初期ジャイナ聖典『ヴィヤーハパンナッティ』によると、あるとき、弟子ゴーヤマは大雄《タイユウ》マハーヴィーラに輪廻について質問した。一切の有情はかつて、球根、根茎、樹皮、葉、華、果実、種、青菜であったかと質問したのに、大雄は、一度だけではなかった、何度もあったと答えている。

六生類に対する人間の接し方

さらに聖典『ダサヴェーヤーリヤスッタ』により、六生類はどのようにわれわれ人間に対応しているのか少しみてみよう。

〔地について〕地面や壁や岩や土の塊を、手や足や道具でもって掘ったり、割ったりしてはならない、などという。したがって農耕などの生産活動は禁止されている。

〔水について〕水や夜の露や雪や霧など、また身体や衣服についた水などに対して害することなく、やさしく対応せよ、などという。

〔火について〕火や炭火や灰におおわれた火や火の粉に対して、急に燃え上がらしたり、消したりしてはいけない、などという。

〔風について〕うちわをもって、扇子をもって、葉をもってあおいだり、急にふいたりしてはいけない、などという。

〔植物について〕種や芽や、また成長した植物本体をふみつけたりしてはならない、などという。

〔動物について〕芋虫や昆虫や南京虫や蟻などが、どこに居ても、人の身体や衣服についても、そのままにしておいてやりなさい、などという。

以上は『ダーサヴェーヤーリア』聖典の第四章から少し選んでまとめてみたにすぎない。六生類と人間の関わりがどのようなものかは、さらにこれからの研究を待たねばならないと考える。

5 むすび

まず、全体をふりかえってみる。慈悲の思想とその実践は、ジャイナ教にも見られる。仏教もジャイナ教も慈悲の思想は、すべての生きとし生けるものにおよんでいるが、具体的にみてゆくと、生き物の範囲に相違があった。仏教では人間を含めたすべての動物を生き物であるとみなしているのに対して、ジャイナ教では六生類：地、水、火、風、植物、動物を生き物とみなしていた。また、慈悲をあらわす用語にも相違があった。仏教では①メッター（慈）、②カルナ（悲）、③ダヤー、④アヌカンパーの四語が使用されていた。一方、ジャイナ教では③ダヤーと④アヌカンパーの二語が使用されていた。①はメッティという語形で慈悲の意味をもっているが、ほとんど使用されていなかった。②カルナーは、人間同志の愛（kāma）の概念をあらわす語であった。

ジャイナ教の六生類の中の地、水、火、風は、それぞれ一つひとつ微細な個体を持っており、それぞれに固有の形状があり、また、一個体に一霊魂を有している。植物はどうかといえば、一木一草もそれぞれに一霊魂を有している。そして、ジャイナ教の慈悲はこれらの一個体、一個体を認識しているのかもしれない。
ジャイナ教の生物観では、人間の位置づけは、動物の中のその一つが人類の位置ということになろう。人間は六生類の中でも能力的にも一番すぐれた動物である。この人間がほかの六生類と共生・共存の道を歩むことがジャイナ教二千五百年の宗教・思想の歴史であったといえよう。また、現代的課題としては、地球生態系・地球環境というファクターとジャイナ教の六生類の全体的共生・共存との比較が問題となるであろう。そして、これらのことがジャイナ教の非暴力・不殺生の思想と実践であり、慈悲の思想とその実践であろう。慈悲とは何ものをも支配しないことである。

参考文献

ヴィンテルニッツ、M、中野義照訳『ジャイナ教文献』日本印度学会、一九七六年
奥田清明「空衣派ジャイナ教における生物観」『仏教學』第六号、一九七八年
金倉圓照『印度古代精神史』岩波書店、一九三八年
金倉圓照『印度精神文化の研究』暗風館、一九四四年
河﨑豊「白衣派聖典における慈悲の諸相」『日本仏教学会年報』第七二号、二〇〇七年
雲井昭善『仏教興起時代の思想研究』平楽寺書店、一九六七年
佐々木閑『出家とはなにか』大蔵出版、一九九九年
杉岡信行「ジャイナ教」『宗教と救済』ナカニシヤ出版、一九九七年
杉岡信行「初期ジャイナ教の生物観」『宗教研究』347号、二〇〇六年
杉岡信行「ジャイナ教の修行と生活」『宗教研究』351号、二〇〇七年

杉岡信行「初期ジャイナ教における慈悲」『宗教研究』355号、二〇〇八年
杉本卓洲『五戒の周辺』平楽寺書店、一九九九年
谷川泰教「原始ジャイナ教」『岩波講座東洋思想 第5巻 インド思想1』、一九八八年
中村元『慈悲』雄山閣、一九四九年
中村元『慈悲』平楽寺書店、一九五六年
中村元『思想の自由とジャイナ教』〈中村元選集（決定版）第十巻〉春秋社、一九九一年
中村元『原始仏教の思想Ⅰ』〈中村元選集（決定版）第十五巻〉春秋社、一九九三年
中村元『原始仏教の思想Ⅱ』〈中村元選集（決定版）第十六巻〉春秋社、一九九四年
西尾秀生『ヒンドゥー教と仏教』ナカニシヤ出版、二〇〇一年
藤永伸「ジャイナ教の生命観」『仏教の生命観』平楽寺書店、一九九〇年
松濤誠廉「ダサヴェーヤーリヤ・スッタの和訳」『大正大学研究紀要』53号、一九六八年
ルヌー、ルイ／フィリオザ、ジャン、山本智教訳『インド学大事典』〈第3巻〉金花舎、一九八一年
渡辺研二『ジャイナ教』論創社、二〇〇五年
渡辺研二『ジャイナ教入門』現代図書、二〇〇六年

【付記】　二〇〇九年の十月ごろ、ある学会で、ある方から初期ジャイナ教の慈悲については、すでに河崎豊氏が発表なさっている由、御教示を受けたことを付記致します。

あとがき

本書刊行の経緯及び趣旨については、西尾秀生氏が「はしがき」において述べているとおりである。学術大会における各自の発表内容をそのまま本書『宗教と実践――ダルマとヨーガによる解脱への道――』に収載するのみでは、不統一になりかねないので、編者西尾氏の呼びかけで、執筆者が互いの原稿を持ち寄り、相互に検討し理解することにより、少しでも一貫性を有するものとなるよう目指し、数回の会合を持った。

今回、執筆を担当した範囲はそれぞれが専門とする分野ではあるが、多少纏まりに欠けている観があるので、機会があれば、全体を通じての実践の展開、変遷に焦点を当ててみたい。

インドの各宗教、各宗派の教え、とくにその実践に関心をお持ちの方々にとって何らかの意義があればと願っている。

最後になったが、編集部の津久井輝夫氏には今回も大変お世話になりました。

二〇〇八年二月一〇日

龍口明生

マ　行

ヤ　行

ラ　行

タ　行

ナ　行

ハ　行

カ　行

サ　行

人名·神名索引

ア　行

アソーカ王 Asoka　52, 55
アーラーラ・カーラーマ Ālāra Kālāma　61
アルジュナ Arjuna　134, 140, 143-145, 152, 154, 155, 163
イグナティウス・デ・ロヨラ Ignatius de Loyola　59
ヴァースデーヴァ Vāsudeva　156
ヴィシュヌ神 Viṣṇu　10, 83, 137, 153, 154, 156-158
ヴィヤーサ Vyāsa　9, 28, 29, 134
ウッダカ・ラーマプッタ Uddaka Rāmaputta　61
オーロビンド・ゴーシュ Aurobindo Ghose　78-89, 92-105, 107-112

カ　行

ガネーシャ（聖天）Ganeśa　158
カーリー女神 Kālī　82
ガンディー Mahatoma Gandhi　133
クリシュナ Kṛṣṇa　83, 97, 134, 137, 140, 141, 143, 145, 151-154, 156-164
ゴータマ・ブッダ（→釈尊）

サ・タ　行

シヴァ神 Śiva　153, 158
釈尊（ゴータマ・シッダッタ Gotama Siddhattha, ゴータマ・ブッダ Gotama Buddha)　6, 9, 53-58, 60-63, 75, 81, 91, 118-120, 125, 129, 138, 168, 172, 175
スッドーダナ王 Suddhodana　60
ドルガー神 Durgā　158

ハ・マ　行

バガヴァット（世尊）Bhagavat　6
バガヴァット Bhagavat　146, 152
ブッダゴーサ Buddhaghosa　64
マザー（→リシャール）
マハーヴィーラ Mahāvīra　171, 174, 175
マヒンダ長老 Mahinda　52
マーヤー夫人 Māyā　60, 61

ヤ・ラ　行

ヤージニャヴァルキヤ Yājñavalkya　6-9, 96
夜摩（死神）Yama　9
ユング Carl Gustav Jung　58
リシャール Mirra Richard　85-89, 103, 108, 110-112
ルドラ Rudra　153
レレ Vishnu Baskar Lele　82

事項索引

ア　行

愛（愛情）　5, 173, 177
悪人正機説　154
アーサナ　36-38
アシュラム　85, 86, 89, 99, 103, 105, 107, 110, 111
アートマン　7, 9, 11, 73, 80, 96, 146, 147, 149
阿那波那　131

杉岡信行(すぎおか・のぶゆき)
1950年生まれ。大谷大学大学院文学研究科博士課程単位取得退学。仏教学・インド学専攻。近畿大学，京都文教大学，武庫川女子大学，各非常勤講師。『宗教と救済』〔共著〕(ナカニシヤ出版，1997年)，『子ども学』〔共著〕(ナカニシヤ出版，1994年)，他。
〔**担当**〕第6章

■**執筆者紹介**（執筆順，＊印は編者）

山口恵照（やまぐち・えしょう）

1918年生まれ。京都帝国大学文学部卒。インド哲学・仏教学専攻。大阪大学名誉教授。文学博士。『ヨーガの知恵』（東方出版，1987年），『宗教的生涯教育』（あぽろん社，1982年），『サーンキヤ哲学体系の展開』（あぽろん社，1974年），他。

〔**担当**〕第1章

平木光二（ひらき・こうじ）

1951年生まれ。大阪大学大学院文学研究科博士課程単位取得退学。原始仏教・パーリ仏教専攻。近畿大学非常勤講師・東方学院講師。『中部経典Ⅰ』〈原始仏典第4巻〉〔共訳〕（春秋社，2004年），「ミャンマーの宗教法制とsīmā裁判の判例」（『パーリ学仏教文化学』16号），「ミャンマーのティーラシン　サーティンダイッ――K尼僧院の事例を中心として」（『パーリ学仏教文化学』10号），他。

〔**担当**〕第2章

北川清仁（きたがわ・きよひと）

1946年生まれ。大阪大学大学院文学研究科博士課程単位取得退学。仏教・インド近代思想専攻。近畿大学非常勤講師・東方学院講師。『宗教と救済』〔共編〕（ナカニシヤ出版，1997年），『インド思想――その経験と思索』（自照社出版，2000年），『宗教の哲学的理解』〔共著〕（昭和堂，1992年），他。

〔**担当**〕第3章

＊龍口明生（たつぐち・みょうせい）

1940年生まれ。龍谷大学大学院研究科博士課程単位取得退学。仏教学専攻。龍谷大学教授。『宗教の哲学的理解』〔共著〕（昭和堂，1992年），「無量寿経「五悪段」と在家者の布薩」（『眞宗研究』第44輯），「在家仏教徒の布薩の諸形式」（『印度學佛教學研究』第51巻第2号），他。

〔**担当**〕第4章

＊西尾秀生（にしお・ひでなり）

1946年生まれ。大阪大学大学院文学研究科博士課程単位取得退学。インド宗教史・宗教学専攻。近畿大学教授。『ヒンドゥー教と仏教』（ナカニシヤ出版，2001年），『宗教と救済』〔共編〕（ナカニシヤ出版，1997年），『仏教のことば　生きる智慧』〔共著〕（主婦の友社，1995年），他。

〔**担当**〕第5章

宗教と実践

――ダルマとヨーガによる解脱への道――

2008年4月25日　初版第1刷発行
2016年5月12日　初版第5刷発行

編　者　西　尾　秀　生
　　　　龍　口　明　生

発行者　中　西　健　夫

発行所　株式会社　ナカニシヤ出版

〒606-8161　京都市左京区一乗寺木ノ本町15
TEL　(075)723-0111
FAX　(075)723-0095
http://www.nakanishiya.co.jp/

印刷・製本／亜細亜印刷

＊落丁本・乱丁本はお取り替え致します。

Printed in Japan　ISBN978-4-7795-0233-0

ヒンドゥー教と仏教
—比較宗教の視点から—

西尾秀生　著

インドの神話・説話・聖典などを読み解き、ヒンドゥー教と仏教との歴史的関連をも踏まえながらヒンドゥー教を分かりやすく解説。さらにはジャイナ教や原始仏教などについても論じる。

二五〇〇円＋税

宗教と救済

山口恵照・西尾秀生・北川清仁　編

現代という混迷の時代を生きていくよすがとして、仏教、ヒンドゥー教、ジャイナ教、イスラームなど東洋の諸宗教の経典を読み解き、救済という宗教の原点を問い直し、宗教本来のあり方を大胆に探る。

二五〇〇円＋税

宗教と生命倫理

叢書【倫理学のフロンティア】XVI

麻生博之・城戸淳　編

キリスト教、イスラーム、仏教、ユダヤ教、ヒンドゥー教、儒教、神道など、各宗教の死生観を説き明かしつつ、変容する現代の生命倫理問題を論じる。宗教と生命をめぐる包括性と独自性は類を見ない。

二六〇〇円＋税

悪と暴力の倫理学

叢書【倫理学のフロンティア】XVIII

熊野純彦・麻生博之　編

暴力の発現を哲学的、歴史的に捉えるのみならず、家族、生殖医療、公害など現代の諸現象の中にも見出し、そうした現場を倫理学の存在論的基底と位置づけることで、悪と暴力の問題を根源から問い返す。

二四〇〇円＋税

＊表示は二〇一六年五月現在の価格です。